LA FRANCE
ET L'EUROPE

PAR

Le Comte ALFRED DE LA GUÉRONNIÈRE

Il ne faut rien laisser à la fortune de ce que peuvent lui enlever les conseils et la prudence.
BOSSUET.

PARIS
CHARLES DOUNIOL, LIBRAIRE-ÉDITEUR
Rue de Tournon, 29

1867

PARIS. — IMP. DE V. GOUPY, RUE GARANCIÈRE, 5.

LA FRANCE

ET L'EUROPE

PAR

Le Comte ALFRED DE LA GUÉRONNIÈRE

Il ne faut rien laisser à la fortune de ce que peuvent lui enlever les conseils et la prudence. BOSSUET.

PARIS
CHARLES DOUNIOL, LIBRAIRE-ÉDITEUR
Rue de Tournon, 29

1867

PRÉFACE

Les événements marchent d'un pas si rapide que ce n'est pas toujours chose facile d'apercevoir leur enchaînement et de saisir leur ensemble. Le journal est trop rapide pour dérouler tous les aspects d'une situation grave : il n'en laisse entrevoir qu'un profil fugitif. Cela tient à ce qu'il lui faut chaque jour, à vol d'oiseau daguerréotyper les impressions éphémères. Le journal de la veille est effacé par celui du jour que le suivant fera oublier également. Les brochures ont l'avantage de permettre d'envisager la cause, les moyens, le but. Dans un cadre plus vaste il est possible d'établir le bilan des facultés, des forces, des ambitions engagées, et par suite de discerner le résultat final que des éphémères compromis peuvent retarder, mais ne sauraient éviter. On a dit depuis longtemps que la vérité était au concours. Il appartient aux plus humbles d'apporter les informations du patriotisme à ceux plus élevés que l'horizon des dissimulations officielles trompe. Le simple voyageur ayant la faculté et le loisir de tout voir et entendre, en se mêlant aux foules, sait quelquefois mieux discerner ce qui reste caché aux personnages dont la grandeur même forme la fausse optique.

Pour satisfaire à de hautes convenances, et pour prévenir toute confusion, nous devons déclarer que notre frère, M. le vicomte de la Guéronnière, sénateur, est étranger à l'œuvre que nous publions.

Cuique suum opus.

Cte ALFRED DE LA GUÉRONNIÈRE.

Château de Thouron (Haute-Vienne), ce 20 novembre 1867.

INTRODUCTION EXPLICATIVE.

Au moment où s'ouvrait une des phases les plus graves de l'histoire moderne, lorsque le cours des événements semblait à tous dépendre du parti que prendrait la France qui a eu, si longtemps, la prédestination d'assurer le triomphe là ou elle jetait le poids de sa volonté ou de son épée, nous venions patriotiquement provoquer la vigilance du gouvernement de notre pays.—Nous fîmes plus encore, nous présentâmes l'aperçu des éventualités qu'un prochain avenir allait nécessairement faire éclater. — Mais la France du suffrage universel envisageait alors ces questions à travers la confusion que font les considérations partiales, les aspects dérobés, les ombres répandues à l'horison de la politique.

Grâce à un concours de circonstances de rencontres, de renseignements sûrs, ayant pu voir clair dans le jeu encore caché de M. de Bismark, il nous fut donné de tirer, par anticipation, des trames qui se nouaieut et des faits qui se préparaient en secret, les conséquences qu'ils allaient produire et accumuler.

On a dit que l'illusion n'était pas moins regrettable en politique que dans les affaires privées. — Mais ce qui est encore pis, c'est le mensonge qui entretient une sécurité également funeste aux gouvernements et aux peuples. On ne saurait trop improuver les agents qui manquent à leur conscience, et les publicistes de perdition qui engagent la sûreté et l'avenir de leur pays sous l'empire de leurs préjugés et de leur ignorance, ou par des motifs encore moins excusables.— Hélas ! trop souvent, l'histoire en témoigne, ceux qu'ils ont hallucinés se réveillent un matin, au coup de tonnerre, d'une surprise, sur le bord d'un abîme. « Quand la parole ment, quand l'écrit ment, quand l'action ment, c'est une grande démoralisation qui enfante tous les malheurs, » a dit un écrivain.

Ayant pu discerner, en Allemagne, où nous nous trouvions alors, la résolution de M. de Bismark, de réaliser une œuvre qui annulait le travail continu de quatre siècles de notre histoire, sur la violation des droits et traités les plus solennels, nous exposâmes la vraie situation. — Déjà nous avions jeté, au sujet de Francfort opprimé, ce cri d'alarme qui fut propagé par l'echo de toutes les feuilles allemandes non dévouées à la Prusse, et par tous les journaux scandinaves. Il y avait alors en France un si fatal optimisme produit par la coalition de la presse démocratique et officielle contre l'Autriche, que lorsque nous caractérisions la politique qui entrait dans le présent pour faire de l'Allemagne la proie de l'aigle noir aux mains de l'audacieux M. de Bismark. Hé bien, il semblait (et on n'a pas manqué de me le dire) que nous apportions d'outre-Rhin, *somnia œgri*, songes d'un malade pris du vertige d'un mauvais esprit.

Enfin, après la suppression de l'adresse qui retardait pour le public impatient l'exposé de cette grave question de l'Allemagne, nous considérâmes comme un devoir, envers le gouvernement lui-même, de lui offrir des observations et renseignements pris aux meilleures sources, dans le pays auquel le regard du monde s'attachait. — Une presse égarée avait pris l'étrange parti de la Prusse ; dans son active propa gande, elle avait engagé des hommes d'État réputés tels : elle était parvenue par le sortilége des mots sonores qui dispensaient d'un ordre d'idées sérieuses, de vues pratiques, à faire adopter le système *des groupes d'unités* d'où est sortie pour la France la situation présente ; « l'homme s'agite et Dieu le mène. » Certes, quelle confirmation plus éclatante, en voyant hier des hommes, au centre des lumières, informations perspectives que donne et déroule le pouvoir, accepter et exalter un système qui, loin d'être pour eux un gage de force et de sécurité, devait devenir le point de départ d'une ère d'incertitude, de troubles, qui a failli s'ouvrir par une guerre formidable engagée par la puissance, au profit de laquelle était reconnu ce nouveau droit public. — C'est que, hors des règles constatées par l'expérience cette sagesse collective du temps, la sagesse humaine des points de vue et de circonstance, *est toujours courte par quelque point,* à dit encore l'*Aigle de Meaux*. Sur cette route du pouvoir où l'ambition se précipite, il est donné à un bien petit nombre d'avoir la conscience distincte du but et des moyens pour l'atteindre. — Ceux qui se croient hommes d'État parce qu'ils en portent les insignes, sont, la plupart du temps, réduits à marcher au hasard, jouets de leur ivresse et des événements : ils succombent à la tâche.

Surviennent d'autres nains qui reprennent cette toile de Pénélope; qu'il y a peu de Bismark pour concevoir et mener à effet ces grands desseins ! Qu'il y a peu de Thiers pour les démasquer, et en préciser à l'avances les étapes ? — Les ministres, denrée inépuisable, s'offrent à foison ! — Les hommes d'État, rare phénix, mais le talisman des souverains et des peuples qui savent les discerner et les employer ! N'est-il pas triste de voir les majorités comme les ombres, du Dante, tourner le dos à l'avenir, au lieu de se porter d'élan, ou sous l'empire de la raison démonstrative là où brille la clairvoyance des hommes supérieurs, inutiles Cassandres, réduits à exhaler leur patriotique douleur, comme Berryer, Thiers, Jules Favre, sur les désastres de cette expédition du Mexique prédits par eux? N'est-il pas déplorable aussi de voir les représentants d'un pays démocratique être en retard, sur un rappel impérial au libéralisme pour un régime moins oppressif de la presse? Sans la liberté, il ne peut y avoir ni la sincérité de l'élection, ni la garantie du contrôle, ni la voix de l'opinion publique.

Alors, l'artifice se substitue au vrai, la représentation gouvernementale remplace fatalement le libre et spontané choix qui fait d'une chambre l'image d'un pays qui prétend au bénéfice du *self government*. Postérieurement à nos pronostics qui furent une inscription sur l'avenir, hommage de l'auteur à quelques amis et hommes d'État, la lumière jetée par les interpellations de MM. Thiers et Jules Favre, dans un débat dont l'histoire gardera l'émotion, les documents publiés par M. de Bismark, les déclarations des hommes d'État de l'Angleterre, de lord Stanley surtout, l'anéantissement de la Pologne, l'attitude de la Russie et son entente avec la Prusse se serrant l'une contre l'autre, l'Italie se dérobant à la reconnaissance comme à ses devoirs, tous ces faits annoncés à l'avance par l'auteur de la brochure, *la Prusse et l'Europe,* à l'encontre de la presse officielle, et d'une partie de celle dite libérale, lui permettent d'en rappeler les dates. Il précisait ce qui se forgeait dans la fabrique du génie de M. de Bismark; il anticipait (et c'est l'honneur de l'écrivain consciencieux), ce que MM. Thiers et Jules Favre ont victorieusement fait ressortir. — Ah! presse officielle ou démocratique, qui vous êtes laissé prendre aux sortiléges de l'ambition de l'alchimiste de l'unité germanique, que dites-vous aujourd'hui de vos illusions, de vos assurances d'hier?

II.

Le passé n'est plus en notre pouvoir, mais reste l'avenir qui doit profiter des déceptions pour reconnaître et éviter les écueils.—Alors qu'il s'agit de modifier le régime qui entrave la libre expression de la pensée, au point de rendre craintive l'imprimerie même sur les questions étrangères portées à l'ordre du jour du patriotisme ému, nous voudrions propager une conviction. C'est que les hommes les plus utiles au gouvernement, les meilleurs serviteurs du peuple, ne sont pas ces approbateurs stéréotypés qui dépouillent toute opinion antérieure et personnelle devant celle professée par le pouvoir.

Passant d'un pôle à un autre, hier réactionnaires implacables, demain présentant un programme de liberté, la veille pour l'Autriche, et le lendemain pris d'une subite inclination ou d'une tolérance qui revient au même pour la Prusse, en trouvant que le principe qui la rendait si redoutable, l'unité allemande était pour le mieux dans le meilleur des mondes, oublieux de tout et de leurs opinions, attestées par l'Olympe et par les archives qui, comme l'avare Achéron, ne rendent pas leur proie ; mais gardant la résolution de rester au pouvoir, non *parce que*, mais *quoique*, et sous l'habit bigarré des plus flagrantes contradictions : voilà ce qui s'est vu ! — Tel est le mal qui a eu une si malheureuse part (un courageux et grand publiciste, M. de Girardin, l'a constaté) à la situation qui nous est échue et provoque la question de savoir comment on y remédiera pour maintenir à la France son rôle dans la glorieuse marche de son histoire et de ses hommes d'État, dont l'œuvre n'est plus qu'un memento, en regard de la triple unité politique, militaire, douanière et commerciale de l'Allemagne. Quel souvenir instructif s'attache aux prédictions de M. Thiers, le 3 mai 1866 ? Qu'est-il advenu de l'assurance de ses contradicteurs, de leurs espérances et déclarations emportées par le souffle de M. de Bismark ? Dans la séance du 18 mars où M. Thiers, éclairé par cette sibylle qui s'appelle le bon sens, caractérisait la situation, est-il besoin de rappeler les illusions auxquelles M. de Bismark réservait deux jours après l'ironie du *post-scriptum* des traités secrets qui livraient l'Allemagne du Sud au dominateur du Nord?

III.

Quand on a commis une erreur, ne faut-il pas mieux en faire l'aveu loyal plutôt que de se créneler dans l'obstination à la nier ou à la justifier? Puisqu'on anathématise le privilége au nom de l'égalité, pourquoi placer les lumières et le salut dans le monopole de la fonction qui s'en va, réapparaît, quitte, revient encore, non pas à une conviction qui reste sous la variété des costumes, mais au pouvoir quel qu'il soit. — S'il y a un privilége à admettre, ce n'est pas celui de la servilité, c'est bien au contraire celui de la supériorité de l'esprit et du caractère. — Le premier énerve et tue une nation; le second la développe et la fait vivre forte et glorieuse. Qu'est-ce que l'Angleterre ne doit pas à sa liberté, qui anime ses meetings, sa presse, ses élections, son parlement, à la liberté devant laquelle s'incline le lord le plus fastueux de l'Angleterre d venant son prosélyte, son champion fidèle? — De même que dans ce pays qui doit à la liberté sa richesse, sa fierté, sa puissance, il nous faut un point hors de conteste qui devienne dogme sacré pour tous les partis. C'est la discussion parlementaire, au sein des élus d'une représentation émanant plus du choix du pays que de la propagande officielle.

Une telle discussion soutenue par les supériorités de tout genre, porterait la voix de l'opinion aux oreilles du souverain.—Précédant, éclairant les mesures à prendre, finalement elle appuyerait et contrôlerait les comptes de la politique comme du budget. Seulement pour le faire avec autorité et profit, il faut que la chambre ait un dossier complet et non trié : il faut un panorama dans tous ses aspects, et non le prisme d'un kaléidoscope au point de vue circonstanciel. — Toutes les lumières se réunissant ainsi dans la centralisation des débats parlementaires fortifieraient la centralisation exécutive qui doit être le fidèle achat du premier pouvoir. Les événements extérieurs si graves qui nous ont frustré au Mexique, comme sur divers points de l'Europe (puisse-t-il ne pas en être de même en Orient), les surprises qui ont trompé les calculs réputés profonds, ce qui a été avoué, ce qui en dépit de la dissimulation ou du silence a été révélé dans le parlement anglais, ce qui se projette en points noirs à l'horison; tout se réunit pour montrer la nécessité d'avoir comme palladium, les libertés intérieures, définies par M. Thiers comme le minimum des nécessités nationales. Ce n'est pas seulement le moyen le plus efficace contre le retour des erreurs du passé, c'est encore la plus salutaire réparation que peuvent seuls amener le temps, l'habileté, le patriotisme dans la solidarité de vues, de prospérités, de malheurs (s'ils échoient), dont le pays a sa responsabilité comme le gouvernement. Autrement dans les déceptions, c'est le sauve qui peut, — les improbations se donnent carrière, mais le mal reste, sans que l'espoir d'y remédier ne soutienne les défaillances, ou n'atténue le cours du mécontentement et d'inutiles récriminations.

IV.

Cependant l'almanach de la politique a des appréciations plus sûres que celles des Nostradamus des almanachs populaires, la seule littérature que connaissent des millions de paysans. Le monde céleste décrit des révolutions que la science des Newton, des Herschell, Arago, Le Verrier a pu présager à l'avance. La politique qui comprend les intérêts des nations, a aussi des astronomes que déroute parfois le jeu irrégulier des passions et des caprices de l'esprit humain. Outre une foule de dons et de facultés, il en est deux élémentaires du moins, la netteté du discernement pratique et le courage de la vérité. C'est surtout dans les situations graves que la meilleure diplomatie est la franchise. Ceci vaut mieux que de s'envelopper dans le manteau d'une fausse apologie. Ah! cet échange de pensées, cette solidarité de moyens et de but, tels sont les ressorts des pays libres. Ils sont aussi pour eux la condition de la victoire, le pire n'est pas encore arrivé. Voilà pourquoi il importait de ne pas prolonger la méprise au delà du terme pour lequel M. Rouher avait désigné le sursis de novembre, et en effet le *Moniteur* l'a confirmé par le décret de convocation. La seule issue qui reste, nous devons la demander à nous-mêmes. La politique de temporisation est celle des faibles; elle a l'inconvénient de compromettre et d'aliéner les alliances et de manquer des occasions opportunes, qui, perdues, ne se retrouvent plus. Ayons les alliances comme autrefois, et s'évanouit aussitôt, avec le cauchemar qui pèse sur les affaires, la nécessité d'une augmentation dans l'armement militaire (1).

(1) Nous ne connaissons pas encore le nouveau projet : on dit qu'on en revient aux idées et plans du général Trochu, qui eut besoin de tout son courage de soldat et de la fermeté de sa conviction pour faire sa publication. C'est ce qui fut accrédité alors. Une fois de plus, ressort l'utilité des libres discussions qui, en mettant la vérité au concours, la font mieux découvrir.

V.

La situation créée à l'Allemagne par les traités de 1815 était telle (l'expérience l'a démontré en 1831 dans cette croisade provoquée par Nicolas contre la dynastie de juillet, lors de notre guerre d'Italie en 1859 (et en 1866), alors qu'une moitié des forces pût être dispersée et vaincue avant que l'autre n'eût abordé le terrain. Des aveux instructifs de la part des orateurs allemands, ont témoigné depuis que cette œuvre de M. de Talleyrand, à la suite des défaites du dominateur de l'Europe, était le chef-d'œuvre d'une habileté mettant un frein à la victoire encline a trop amoindrir la France. Ainsi à la lumière de ces débats et des embarras amenés par l'œuvre unitaire de M. de Bismark, se montrent l'injustice et les courtes vues des déclamateurs contre ces traités. Ils se sont évanouis au souffle du génie d'un grand stratégiste hostile à la France, et par suite les clefs de la ligne défensive ou protectrice de notre territoire, aux mains de petits gouvernements inoffensifs, sont passées dans celles de l'héritier du grand Frédéric, ayant pour premier ministre Bismark dit *le Fort*.

Les calculs de M. Rouher, l'art de présenter sous un jour favorable, comme une solution heureuse, l'état actuel, ne sauraient plus donner à aucun esprit sérieux le change sur la constitution d'un pouvoir aussi formidable que celui de la Prusse. Les applaudissements et *très-bien* de la majorité ne changent pas les faits, impuissants paratonnerres, contre l'orage des points noirs. Cette ambition de l'empire germanique satisfaite, ce que redoute et veut désormais brider le futur empereur, c'est l'idée française, l'idée démocratique à l'encontre des constitutions aristocratiques dont il est le gardien, né et armé. — Le roi de Prusse actuel est infatué du droit divin, il est entouré de l'esprit féodal qu'il favorise ; il le garde implacable sous l'enseigne du parlement allemand auquel il n'entend nullement le sacrifier. En partant de ce principe, tout ce qui fait échec à la France, lui ferme les accès d'influence et d'ambition ; eh bien! tout ce qui peut nous enserrer, nous frapper d'interdit est encore une fois le but le plus cher à M. de Bismark, et sert la Prusse. — Les frontières de l'empire français confinent à celui qui n'est plus une aspiration occulte, mais un fait audacieux (1). — Pour le parti *de la croix*, la France a un grand tort, elle est le foyer démocratique, elle se glorifie du baptême révolu-

(1) L'empire d'Allemagne avant 89, dit saint empire romain, était loin de cette unité de forces qui réalise la Prusse. Il se composait de 376 parties inégales, 1,500 terres immédiates. C'était un fantôme de forces disparates, et cependant aujourd'hui c'est une autre liaison ; l'axe de la prépondérance, en est déplacé ?

tionnaire, dont 89 a été le parrain. Une nouvelle sainte alliance dirigée contre ces idées révolutionnaires dont le roi Guillaume voit dans la nation qui l'hospitalisait hier, mais ne le convertissait pas, le dangereux foyer, même alors qu'elle offre la garantie de l'enseigne autocratique, tel est le but qui pose devant lui. Comme son esprit de suite, ses discours, ses actes en témoignent. Les derniers efforts des États récalcitrants, se rendant à merci, et armant ce superbe dominateur de toutes leurs forces, quel triomphe pour lui !

Le temps a marché rapidement depuis Sadowa. Mais loin de se laisser distancer par ce grand coureur, M. de Bismark, se hâtant dans son œuvre, n'a pas laissé passer un jour sans l'utiliser. Après la victoire de l'épée, a commencé la tâche de l'homme vraiment politique, il l'a accomplie en attirant les États allemands, se précipitant d'eux-mêmes par l'attraction de la force et des intérêts combinés. — Il a intimidé, déconcerté, anéanti les résistances qui ont osé se produire comme le soupir de vains regrets d'autonomies enchaînées au mécanisme national. — Ainsi la Bavière, un moment voulant rester elle-même, s'est empressée de se rendre, résignée et soumise, au geste de ce hautain, mais habile conducteur de la grande unité allemande.

LE COMTE DE BISMARK ET SA POLITIQUE.

QUEL PARTI PRENDRA LA FRANCE.

En 1866, lorsque le champ de bataille de Sadowa fumait encore de la vapeur du sang, et au commencement de 1867, nous avons fait la biographie de l'homme qui préside aux conseils de la Prusse. On pourra comparer aux pièces justificatives notre jugement d'autrefois, qui était comme l'horoscope de l'œuvre qu'il nous reste à caractériser.

Aujourd'hui, nos pronostics contestés sont un fait acquis avec lequel notre gouvernement est obligé de compter. Que nous sommes loin des promesses et conclusion de la lettre de l'empereur à M. Drouin de l'Huis! Au sein des tergiversations dont un Bossuet pourrait faire un chapitre des variations politiques, l'homme du siècle *prend le haut bout,* pour emprunter la langue de Chateaubriand, à l'avant-garde de la race germanique. Avec une inaltérable audace, il procède à la réunion de tous les membres et des diverses branches de la grande patrie allemande. Ah! c'est bien un nouvel aménagement de l'Europe, précurseur d'une lutte gigantesque. Il y a quelqu'un qui a plus d'esprit qu'un seul, fût-il Voltaire, c'est tout le monde ; et ce pressentiment ne fait que gagner les plus robustes croyants de la paix. La lumière s'est faite sur des projets qui dédaignent la dissimulation. Un vassal *du grand monarque*, comme le qualifiait le marquis de la Rochejacquelein de regrettable et courageuse mémoire, notre plus proche voisin qui campe à Kell, le grand-duc de Bade, a poussé le premier cri. — Son parlement lui répond en chœur en surenchérissant encore l'hymne de soumission à la Prusse, naguère encore repoussée. L'esprit annexioniste marche, il ne faut pas s'en étonner, on va aux résolus, aux forts : l'indécision éloigne et fait peur. Le grand ministre qui sait cela pour en avoir fait la triomphante épreuve, sans les ménagements d'autres circulaires s'étudiant à donner le change, précise son *ultimatum* d'une voix retentissante comme un clairon de combat. Est-ce la foi dans son œuvre ! est-ce la conscience de la force sûre d'elle-même ! son ton est trop déterminé pour ne pas apercevoir qu'il s'appuie sur les deux convictions, se prêtant un mutuel appui. Dès lors, il confesse le but avec la voix affermie d'un cœur qui ne doit pas dévier.

Aussi se manifestent un plan et une logique inflexible, chez cet homme d'État, qui a eu la conception d'une si grande œuvre. Il se garde bien, lui, de marcher au hasard, de brouiller les cartes pour s'en remettre à la fortune; il observe, écoute, recueille. Homme pratique, il fait de l'intelligence de la situation de son pays comparée à celle de ses adversaires, le grand moteur. Il s'est montré habile à former les alliances, ce complément des armées (témoin son pacte avec l'Italie contre l'Autriche), à écarter ou à paralyser ce qui lui est contraire; la confédération germanique tenue inerte pendant la paix, l'a prouvé; il a su grandir sa force par le prestige, attirer à lui les hommes pouvant lui servir d'auxiliaires; enfin, il a élevé le crédit national à ce point qu'amis et ennemis lui servent d'instruments à l'envi. Les derniers font l'hécatombe de leurs principes à l'œuvre poursuivie par le grand vizir, autrement dit le connétable de la politique et de la puissance allemande.—A l'encontre de cette marche saisissante dans ses résultats, il en est une autre qui en est l'antithèse, ceux qui la prennent ne voient pas le lendemain, bornés qu'ils sont à la lueur fugitive du présent. Lancés dans un provisoire sans fin, n'ayant pour appui que cette masse crédule incapable de discerner à travers un horizon étendu, se cramponnant à ce qui est dans la crainte de ce qui peut arriver, marchant, jouets de leurs espérances déçues et des événements, passant d'une faiblesse à un danger et d'un danger à une faiblesse, ils dissimulent sous la pompe des programmes, la détresse des actes.

Si la comparaison des hommes et des faits sur lesquels les premiers agissent sert de balance à l'histoire, pour peser les responsabilités et mérites respectifs, nous allons pouvoir faire la part des deux politiques, celle de la Prusse et de la France.

Dans l'ancien état de l'Allemagne, telle que les traités de 1815 l'avaient constituée, en cas de guerre extérieure, quelle puissance avait autant à craindre que la Prusse, pour une partie de son territoire? Mais aujourd'hui, de défensive où l'avait laissée M. de Talleyrand, avec le boulet d'une dualité et la chaîne d'une diète de trente-huit têtes d'États a vues discordantes, elle est devenue ou va devenir un grand empire ; il revêt l'organisation la plus redoutable pour l'offensive qui existe en Europe. S'il fallait à cet égard une preuve irrécusable, nous ne saurions mieux faire que de l'emprunter à la déclaration du gouvernement français lui-même, révélée dans les documents livrés au Parlement par Lord Stanley.

Lorsque la Prusse restait dans la condition des traités de 1815, la situation du gouvernement français, sous la restauration, sous la dynastie d'Orléans plus tard, et par les mêmes motifs le rôle de l'Empereur Napoléon III, dominaient la scène politique. Par la force naturelle des choses, ils étaient le point de mire de l'Europe tour à tour assurée, expectante, inquiète suivant ce qu'ils contemplaient, appuyaient, résolvaient.

Ainsi c'est démontré, et ceci est reconnu par tous les esprits sérieux et cabinets ; la France, avant l'accomplissement de l'œuvre de M. de Bismark, était aux yeux de l'Europe la première force continentale à considérer, à ménager, à s'attirer dans la balance des pouvoirs. Aujourd'hui l'inclinaison de la balance est changée par le rôle et le poids indiscutable du nouvel empire germanique. Où est la compensation pour la France à cette grave atteinte à sa prépondérance par le système des grandes agglomérations, qui appliqué à une Allemagne unie, n'est qu'un bastion dressé et armé contre nous ? Dès lors les fruits des guerres séculaires, des traités poursuivis, défendus au prix de tant de sacrifices, s'abîment sous les palmes de Sadowa. La circulaire de M. le marquis de la Valette, a été revendiquée par M. de Bismark, comme l'abandon implicite des garanties faibles sans doute, mais qui encore formaient les restrictions contractuelles du traité de Prague.

M. Rouher, si ardent à railler l'illustre M. Thiers de ses prétendues contradictions, ignore-t-il que le mérite du Ministre de Louis-Philippe, est précisément l'unité de sa vie dans le sentiment et dans la constante revendication de la grandeur et de la gloire nationales? Le 25 novembre 1840, en effet, M. Thiers soutenant contre M. Guizot la nécessité d'une politique active agitait l'assemblée par ces belles et nobles paroles : — « Oui ! MM., l'équilibre de l'Europe ou la guerre. » Eh bien ! parodiant les paroles de ce grand orateur en cette circonstance, nous dirons après lui en n'y ajoutant qu'un seul mot : « Si la France *impériale* eût dit cela avec la voix de la France, avec cette voix qui ne souffre pas qu'on la taxe de pusillanimité ou de mensonge, on peut l'affirmer, MM., l'Europe se serait gardée de compromettre son repos. »

Qu'un pareil langage eût été tenu nettement avant la campagne en 1866, ou à la suite de la cession de la Vénétie par l'Autriche, c'eût été l'équilibre sans la guerre.

Mais les événements laissés à la merci de l'ambition de la Prusse offrent aujourd'hui un tableau plein de redoutables perspectives. En supputant les forces qui se déroulent à notre encontre dans la nouvelle Europe, il n'y a pas de quoi se féliciter de l'abolition des traités de 1815. A notre frontière de l'Est se présente le front menaçant d'une Allemagne reconstituée en vertu du faux système des grandes agglomérations. En examinant ce qui se rattache, se groupe de tributaires ou d'alliés de cette grande Prusse, bientôt l'empire germanique, sans parler de ses affinités et solidarités, sur des points déterminés, avec son voisin le colosse du Nord ; enfin en additionnant, d'après les statisticiens compétents, les forces numériques militaires qui seraient ralliées contre nous ; en considérant que dans l'état actuel de la politique française dénuée d'alliés, nous n'avons à compter sur aucune diversion ; n'est-il pas vrai que les fantasmagories opposées à la politique expérimentale de MM. Thiers, Jules Favre, Berryer ont placé le pays dans la situation extérieure la plus critique? Ce n'est pas en cachant la vérité et en faisant écho à l'optimisme de l'adulation qu'on pourra remédier au mal et qu'on en arrêtera le développement.

Frédéric II avait renouvelé l'Allemagne en établissant un contrepoids à l'Autriche, maintenu par M. de Talleyrand suppléant à la disgrâce de la défaite par les habiles combinaisons de la diplomatie.

M. de Bismark, en raturant ces restrictions par l'épée de Sadowa et la plume qui a écrit la circulaire de septembre, non-seulement a fait de la vaste Germanie l'escorte et la garde de la maison de Hohenl-lozern, mais il a changé tous les rapports de l'Europe dans le sens le plus dommageable à la France. Les embarras, assez manifestes du présent, présagent et montrent l'état précaire d'un avenir susceptible de se heurter à tant d'écueils. En face des tendances occultes d'amoindrir la France, un homme, dont le cœur était aussi haut que l'esprit, Chateaubriand, déposait dans son œuvre testamentaire ce patriotique conseil : « On a quitté la voie battue pour le sentier des précipices. Hé bien ! que les armes, s'il n'y a pas d'autres remèdes ou réparations, en décident! Où faut-il porter notre courage et notre intelligence? Courons de ce côté! Retenir à présent la France, ce serait la condamner à une mort ignoble. Il n'est plus permis de se contenter de discours, rien ne doit remuer sans notre intervention, nous ne devons pas demander humblement à nos voisins la paix quand même. »

Tel est le langage de celui qui, honoré de tous les partis, était l'objet de la recherche et de l'admiration du prince aujourd'hui empereur.

C'était le cœur de la France qui éclatait sur les lèvres de cet illustre homme d'État en sentiments qui grandissent une nation ; elle ne peut maintenir son rôle séculaire qu'en élevant le culte de l'honneur au-dessus des déchéances qu'accepte le matérialisme des intérêts abjects enfouissant l'âme. Le premier besoin de notre noble pays, c'est d'avoir au pouvoir des hommes d'État sérieux et nationaux que ne ballottera plus la vacillation !

Qu'y a-t-il de plus funeste à notre rôle séculaire, quand après les revendications nationales et les professions impériales, les discours parlementaires de M. Rouher aux Chambres, à Nantes et ailleurs, versent un tout autre esprit et courent à des conclusions différentes! quoi de plus propre à dérouter la foi d'un pays mis à de telles épreuves! Dans le fond du tableau, il est des adversaires, si vous aimez mieux, des observateurs aux aguets qui ont besoin d'avoir la mesure de la durée de vos résolutions : alors les timides désertent, et les audacieux qui déjà ont donné des témoignages de leur mauvais vouloir, ne mettent plus de borne à leurs prétentions. Est-ce que la façon cavalière de maître avec laquelle M. de Bismark a mené l'Allemagne à se lier et à se soumettre à ses desseins, aurait revêtu ce caractère de domination, s'il eût pressenti une résistance sérieuse? Que font à un pareil homme des représentations au bout desquelles la sanction d'une ferme résolution n'appose pas ce sceau toujours respecté quand il était sous la garde de la vieille épée française? Mais les *satisfécits* des grandes agglomérations et les anodines circulaires de M. le marquis de Moustier, étaient-ils un frein suffisant pour retenir une fougueuse ambition? M. Drouin de Lhuys avait mieux gardé le langage de la diplomatie courtoise dans la forme, quoique plus affirmative de ses vues, et enfin sachant dire : « Voilà ce qu'entend, ce que veut la France ; ses forces ne sauraient faire défaut à l'*ultimatum* de son honneur et de ses intérêts. » C'est ainsi qu'il a agi contre Nicolas, qui fut longtemps le point de mire de la crainte et du respect de l'Europe. Néanmoins l'adage *audaces fortuna juvat* s'est réalisé une fois de plus pour la France dans ce duel diplomatique et émouvant de M. Drouin de Lhuys et de M. de Nesselrode —

aboutissant à la prise de Sébastopol et aux traités de Paris. La fermeté qui a vaincu Nicolas s'est-elle dressée devant M. de Bismark? Le ton des circulaires de M. Drouin de Lhuys, n'est-il pas a une autre note du solfége diplomatique que le ton gardé par M. le marquis de Moustier? Qu'on compare : On dirait deux époques dont la dernière a oublié les traditions de la première.

Pour juger l'importance de l'œuvre de M. de Bismark, ce qu'elle offre dans l'avenir à la France, ce qu'elle lui demande, tour à tour de modération et de préparatifs militaires, les obstacles quelle pose à son influence barricadée à l'Est, au Nord et au Midi, tour à tour par les neutralisations et les grandes unités se solidarisant entre elles contre un essor quelconque de nos souvenirs et aspirations; pour le bien apprécier, il suffit de suivre sur une carte les changements survenus dans le nouvel aménagement de l'Europe. Enfin, en dépit de toutes les vaines assurances des politiques fantaisistes tels que MM. Guéroult, Havin, le mouvement qui entraîne les États du Sud à s'unir au grand empire du Nord, est un fait qui domine la situation et nous créera bien des embarras.

Il n'est pas facile à la Prusse, professant comme elle le fait, d'être le champion de l'unité allemande, d'apporter des obstacles sur la route de Bade et du Wurtemberg jaloux de joindre leurs fortunes à celle de leurs frères du Nord. Encore, la soudaine union des États du Sud, du même sang, blesse profondément le sentiment et la politique constante de la France, au point de tenir la guerre comme une menace permanente. Le comte de Bismark en soumettant la question du Luxembourg à la conférence de Londres ne crut pas alors devoir exposer l'œuvre qu'il poursuivait aux chances d'une guerre prématurée. C'était appliquer à l'Allemagne le conseil de Machiavel, par rapport à l'Italie, c'est-à-dire manger la première, comme un artichaut, feuille à feuille, au lieu de l'avaler d'une bouchée. L'annexion de petits et chétifs territoires, tels que Waldek est un exemple de cette politique de l'artichaut, prouvant que le grand meneur de l'empire germanique ne néglige pas plus les menus détails que la force de l'ensemble gigantesque dont il est l'audacieux artisan.

Le traité de Prague plaçait les États du Sud dans une situation anormale en Allemagne. Par suite de la dissolution de la vieille confédération, ils étaient abandonnés comme un fragment détaché, sans aucune attache extérieure, en apparence à leurs deux grands voisins. Aussitôt la paix signée, il était évident qu'ils allaient devenir un sujet de contention. Leur sort n'était pas seulement laissé sans solution, mais il ne paraissait pas y avoir de raison urgente pour qu'elle eût lieu incontinent. De telles anomalies dans l'histoire des consolidations nationales sont fréquentes, et il semblait que la Prusse pouvait attendre plusieurs années l'opportunité de porter à effet ses aspirations. M. Rouher, cependant, ayant mis en avant au Corps législatif que la guerre de 1866 avait, après tout, divisé l'Allemagne en trois tronçons, en reponse à l'exposé saisissant du grand homme d'État qui ne s'attarde pas à la politique d'emphase, mais des faits et résultats, M. Thiers, devant lequel le patriotisme doit respectueusement s'incliner. Deux jours après, les traités secrets entre la Prusse et les États de Sud étaient publiés. Ce fut pour l'Europe un rire homérique, et pour la France qui s'était accrochée à cette branche morte de la confiance ministérielle, le soubresaut du plus amer désapointement. Car en-fin, ces traités signifiaient à la France que c'en était fait pour elle de l'équilibre européen abîmé, à son grand dommage, dans l'alliance défensive et offensive des deux Allemagnes. — Alors la garantie que nous croyons avoir dans le traité de Prague s'évanouissait par cela même dans une déception qui couvait un péril à date incertaine pour les uns, prochaine pour les autres, mais à coup sûr inévitable. Il convient de rappeler qu'avant la guerre de la dernière année, le gouvernement français avait mis au jour ses vues dans la presse officielle et officieuse pour la reconstruction d'une nouvelle Allemagne. L'Empereur n'avait pas dédaigné d'en tracer un plan qui causa en Allemagne, où nous en fûmes témoin, une profonde impression. On proposait de diviser la nation en deux grandes confédérations : la Prusse à la tête de l'une, l'Autriche à la tête de l'autre ! Le Mein et l'Orgebirze marquaient les limites de la confédération allemande du Nord et les séparait de celle du Sud. La France ne répugnait nullement à un accroissement de la puissance prussienne dans le Nord de l'Allemagne; mais cette combinaison se liait à la pondération d'une confédération du Sud pour servir de contrepoids à l'autre, et il était présumé qu'elle aurait pour complément une extension de territoire français sur la frontière rhénane : pensée qui, après avoir été mise en avant dans les *Idées napoléoniennes*, sous Louis-Philippe, devait être le but du second empire trouvant une occasion favorable de faire une réalité d'un programme adopté aussi par l'illustre Chateaubriand et son successeur au ministère des affaires étrangères, le loyal comte de La Ferronnais. Rien de tout cela ne s'est réalisé. Néanmoins c'est une opinion accréditée en France et en Europe que Napoléon III est tenace dans ses opinions et persévérant dans ses projets.

Il n'y a pas un esprit familiarisé avec les questions de politique, d'équilibre, qui ne connaisse les inconvénients pour la France et l'Autriche de l'incorporation des États du Sud dans la puissante confédération du Nord. Les Autrichiens se trouvent continentalement détachés par là de l'Europe occidentale, les Allemands qui lui restent lui sont comme le boulet fulminant d'une seconde Venise prête à éclater en ses mains pour se précipiter où la patrie allemande appelle et réunit ses membres et les enfants de la race dont Guillaume est l'inévitable et fatidique empereur. Quant aux conséquences pour la France, dans un autre écrit, objet de la préface explicative, l'auteur de celui-ci a eu l'honneur d'une initiative d'observations aujourd'hui passées à l'état de faits qui seront bientôt une loi européenne. Il ne fallait pas beaucoup d'horizon pour le voir, il suffisait de regarder, d'écouter pour avertir loyalement le pays qui, semblable à certains maris, ignorait sur l'assurance officielle ce que tous les autres cabinets apercevaient, l'Angleterre en tête, à en juger par sa presse. Si la période qui a commencé en 1762, une entente de 40 ans coïncidant avec l'entrée du prince de Kaunitz, a eu pour but de réfréner la Prusse, de même que le traité secret en 1815, dû à l'habileté de M. de Talleyrand ; aujourd'hui c'est bien une autre carrière que se donne l'ambition du successeur du grand Frédéric.

M. de Bismark, il faut l'avouer, à part quelques rudes et très-blâmables procédés qui tiennent à l'esprit de conquête et aussi du militarisme prussien, mène tout de front. A l'unité du pouvoir, il a joint le puissant moteur des intérêts par le remaniement du Zollverein étendu, *imperium in imperio*, c'est-à-dire la satisfaction matérielle se combinant avec la grandeur morale et politique. Désormais, le Zollverein, qui s'étendait seulement sur 14 millions d'habitants, est une institution nationale qui lie toute l'Allemagne, et rattachera demain la partie laissée à l'Autriche. Car ce qui jadis était confié à une commission de délégués des princes, maintenant tombe sous la discussion et le vote des représentants du peuple entier, qui nomme le parlement allemand. — Telle a été l'amorce irrésistible présentée à ceux laissés momentanément en dehors. Leur désir d'anexion s'en est accru. La perspective des charges à subir, leur répugnance à l'absorption, rien ne pouvait tenir contre cet appât aux intérêts et devant la satisfaction présentée à l'orgueil d'être un grand empire. L'homme qui a mené à but ce grand dessein est à ce haut dégré de supériorité qui appelle, met en mouvement, utilise toutes les forces. Si, comme sa marche actuelle semble parfois l'indiquer, il couronne l'unité, qu'il est en train d'achever, par la liberté, il aura fait, pour la grandeur et le bien du pays, ce qu'il n'a été donné à aucun homme de ce siècle de concevoir, et à aucun autre de l'histoire moderne d'accomplir sur cette échelle grandiose, dans si peu de jours.

L'Allemagne, en courant à son unité, a manifesté ses défiances dans d'inconcevables anathèmes contre la grande nation dont la neutralité fut la plus efficace source de sa grandeur. Cette situation se caractérise, se révèle aux plus aveugles de parti pris, comme les écrivains de *la Patrie* et tant d'autres, par la circulaire du comte de Bismark, qu'on peut appeler un manifeste qui est comme le héraut d'armes d'un empire. Un organe anglais connu en Europe, par son impartialité et la hauteur de son esprit, *the pallmall Gazette*, avouait que cet important document était de nature à exciter l'indignation de la France, et le pire, ajoutai-t-il, c'est que ce sentiment, au lieu de s'apaiser avec le temps, devient chaque jour plus fort. L'interprétation placée sur la circulaire du comte de Bismark, par la France mécontente, ne saurait être taxée d'exagération par les esprits les plus pacifiques en dehors des atteintes de la susceptibilité française. Dire que la circulaire « équivaut à la dénonciation du traité de Prague, » c'est définir la situation avec force, mais non avec infidélité. Il ne peut pas y avoir de doute que le but de ce document a été de préciser, à la face du monde, ce que l'Allemagne désire faire, et ce qu'elle juge être avantageux de voir s'accomplir sans s'occuper des traités. « Les affaires domestiques de l'Allemagne, » dit le comte avec une ironie à peine déguisée, n'ont pas été l'objet des entretiens de Salzburg, au moins pas de la façon que les premières nouvelles nous avaient donné lieu de le supposer. Nous nous réjouissons d'autant plus de cette assurance que l'accueil fait à ces nouvelles et à ces interprétations, dans toute l'Allemagne, a de nouveau témoigné du fait que le sentiment national allemand ne peut pas supporter l'idée que les affaires de la nation seraient placées sous le contrôle d'envahisseurs étrangers, et conduites de manière à convenir à d'autres intérêts qu'aux nôtres.

Nous pouvons espérer que nos efforts dans cette direction seront heureux, si des puissances étrangères sont aussi soigneuses d'éviter tout ce qui peut incliner l'Allemagne à craindre des projets d'ingérence étrangère.

Entre ces lignes se dresse la pensée : ce dessein doit être abandonné, et toute l'Allemagne est unie pour combattre l'intervention. Continuant l'analyse, l'écrivain reproche à M. de Bismark d'avoir outrepassé les bornes de la sagesse et de la convenance. Quels but et bien peut se proposer M. de Bismark en blessant et menaçant la France au moment où elle a des motifs de s'irriter, se trouvant en présence de faits menaçants? Un vain défi est toujours sans dignité. Dans ce cas c'est pire. Nous faisons grâce du reste. C'est assez significatif comme échantillon de l'impression ressentie à l'étranger.

Certes, nous nous associons pleinement aux remarques et critiques anglaises. Mais, la forme excusée, il faut avouer que le mérite, la force de M. de Bismark, c'est d'avoir une politique nette, déterminée, invariable dans son but, et de faire planer sa pensée véritable au-dessus des dissimulations de langage du diplomate. Nous nous expliquons ; c'est depuis Sadowa que se caractérise ce ton qui écarte les ambages, et tranche à la façon prussienne du grand Frédéric. On dirait qu'il fait une vérité, au profit du souverain qu'il est en train de rendre si redoutable, du conseil de M. de Talleyrand à un jeune secrétaire d'ambassade : « Méfiez-vous des petites habiletés. » Quand on peut prendre ce mot pour emblème, c'est la preuve d'une fierté qui commande, d'une force qui subjuge, irrésistible magnétisme sur les inférieurs, les incertains, les faibles, de par la supériorité qui, après le coup d'œil du terrain, des obstacles, des concours, a supputé les chances et va droit et courageusement au but.

Le comte Grey dans une adresse déclarait : « Nous admettons que c'est l'intérêt de tout membre de la communauté de l'Europe, de soutenir le système établi et la distribution de pouvoir parmi les souverainetés indépendantes, qui actuellement subsistent, et conséquemment d'empêcher l'agrandissement de tous États, spécialement les plus puissants, aux dépens de tous autres. »

Voilà le système d'équilibre défini en quelques mots saisissants par la bouche d'un grand homme d'État anglais, que M. Thiers ne désavouerait pas. C'est ce que l'on appelle des doctrines surannées. Ah! vraiment, mais c'est ce système poursuivi et maintenu, qui a fait la grandeur de l'Angleterre, celle de la France, qui était le dogme de la sécurité du droit des peuples et la garantie des gouvernements.

La revendication de la Prusse de réserver pour elle le règlement exceptionnel de la question germanique, qui jadis aménageait trente-huit autonomies indépendantes dont trente-sept passent à la direction souveraine de Berlin, est contraire aux vieux traités, à celui plus récent de Vienne, et au dernier dont le feuillet s'imprimait hier, qui a le nom de Prague ; une telle exclusive prétention, qu'est-elle autre chose que l'aveu du but délibéré de violer la loi des nations? Mais qui en doit plus souffrir que l'Autriche et la France? Qui peut se faire illusion? Maintenant pas d'arguties, de vague échappatoire, d'emphase de mots formant des étiquettes pompeuses, ne cachant que le vide et la faillite des résolutions.

Est-il vrai oui ou non que la sûreté des États dépende de l'observation stricte des lois des nations? Ceci n'étant pas contestable, à moins de préconiser la violence et le chaos, il en résulte que tous actes faits contrairement à ce principe ouvrent le droit de guerre contre les violateurs. La saisie d'un simple village autorise les autres Etats, et principalement ceux auxquels il préjudicie plus particulièrement à traiter les déprédateurs envahisseurs en ennemis. Mais l'inconvénient le trouble de la balance n'ont pas pour tous les États la même importance : ils n'endommagent pas au même degré la sécurité et l'intérêt de chaque État européen. Lorsque les uns peuvent rester spectateurs passifs, en y trouvant leur compte de compensations, d'espérances, d'appoints de force, de bénéfices en concours ou en accord, il en est qui restent atteints, dont l'influence est diminuée, dont la sécurité est à la discrétion d'un voisin ambitieux et querelleur : tout au moins ils restent à la merci de l'avenir. Telle est bien la situation pour la France. Comment la méconnaître après les débats parlementaires des chambres anglaises, badoises, du Reichsrath, mieux encore en face des procédés et œuvres de M. de Bismark qui ne se paie pas de mots, lui, mais va au pas de course de la résolution et du succès, aux plus audacieux résultats.

Q'importe, par exemple, à l'Angleterre, cette fortune subite de l'héritier du grand Frédéric? elle n'en reçoit aucun dommage : loin de là nous l'avions établie au mois d'août 1866, le parti tory ne s'en plaint pas, au contraire. Ceux qui n'ont pas aperçu cette tendance britannique avaient le bandeau sur les yeux. En est-il de même pour nous? — L'Allemagne aux mains de la Prusse, devenant l'empire germanique compact, fait un tel échec à tout ce qu'a voulu, à tout ce qu'a maintenu, recherché, poursuivi la France, que toutes les considérations de principe, de garantie par rapport aux lois des nations, à l'indépendance des Etats, à leur équilibre, à la raison d'être de notre pays, à son rôle dans le monde sont anéanties. De nombreux journaux ont pensé ou soutenu que nous pouvions permettre, sinon favoriser, cette création bismarkienne; ils devaient être influencés ou par la croyance que nous n'étions pas en état de nous y opposer, faute de forces suffisantes (ce qui est inadmissible d'après le chiffre du budget de la guerre et des déclarations officielles), ou par l'opinion paradoxale qu'il n'y a pas à prendre des mesures de précautions, que les hommes d'Etat de l'école célèbre des Richelieu, Chateaubriand, Thiers en France, Pitt, Castlereagh en Angleterre, Bismark en Prusse, sont du luxe inutile, qu'il n'y a qu'à marcher à la dérive, sans ne rien voir ni rien faire. — Il est vrai, pour cet Humbug, il ne faut pas aux termes d'un orateur célèbre d'hommes d'Etat, des bornes y suffiraient. Que les publicistes qui ont connivé avec la Prusse, fassent amende honorable ! A quelle faiblesse à quelle extravagance conduit un faux point de vue en politique ! — Aujourd'hui les faits viennent proclamer le triomphe de la prévoyance de M. Thiers auquel sous un gouvernement parlementaire serait dévolu par la couronne la tâche difficile de mettre un terme et de trouver un remède aux conséquences de la faute commise.

M. de Bismark en monopolisant pour la Prusse seule le droit d'intervention, c'est-à-dire d'absorption, récuse d'une manière absolue non-seulement le droit parallèle, mais encore toute ingérence, toute tendance, aspiration directe ou indirecte. — D'où cette conclusion tirée par le bon sens régulateur de tous les hommes politiques et cabinets de l'Europe qui ont l'œil sur nous, c'est que, si nous adoptons cette exclusion, c'en est fait de la vieille politique, comme du rôle d'où la France a tiré sa force. Jamais à aucune époque un cas pareil ne s'est présenté d'une telle gravité et si haute importance. Aux plus mauvais jours de notre histoire sous Louis XV, de moindres prétentions du grand Frédéric furent combattues par ce roi qui, au dire de Chateaubriand « oubliait trop sa dignité sur l'oreiller de ses débauches. » Il est évident qu'il n'y a jamais eu un plus gros intérêt, pour la sûreté de l'avenir, qui ait appelé à ce point notre attention dans les affaires du continent, car c'est notre influence qui se défait, — par une organisation formidable. — Quel que soit le point de vue des abstensionistes *du laisser faire et passer* en cette conjoncture solennelle, auquel on envisage la question, le résultat est le même ; soit que nous ne puissions pas, soit que nous ne devions pas nous opposer à cette concentration de l'Allemagne centralisée sous la main de la Prusse. D'où résulte cet antinational parti qu'il ne nous reste qu'à attendre le bon plaisir de nos antagonistes pour l'agression? Selon certains publicistes parmi lesquels se distingue M. Guéroult, ce champion à outrance de l'unification prussienne, les dangers sont tels devant 138 millions d'ennemis, à son compte que c'est assez de vivre, en renonçant à toute action prépondérante, même à toute prétention. Quel bilan! s'il en était ainsi, ce n'est pas deux genoux qu'il faudrait avoir, c'est cette attitude humiliée, dont vous faites la condition du salut de la France, mais vaine illusion de l'humilité! La peur ne sauve pas, elle encourage les témérités. — Les embarras, en se multipliant, ne font que susciter les périls. Les alliances ne sont qu'à ceux qui savent les défendre et résister aux injustes prétentions. C'est là une notion élémentaire, nous ne dirons pas de la diplomatie, mais de la loi naturelle.

Si le faux système des grandes agglomérations a laissé carte blanche aux audaces de M. de Bismark, l'attitude passive qui serait prise par ce hautain annexioniste pour l'aveu de l'impuissance de la France, réduite à se désintéresser devant les actes les plus contraires à l'esprit de sa politique traditionnelle, serait une résolution grave de la part de la grande nation. Si elle consacre par la légitimité du fait accompli, sans résistance, ce formidable empiétement, qui de l'hégémonie de la Prusse mène droit et vite à un empire d'Allemagne compacte, c'est comme là dernière étape confinant à l'invasion de son sol dans les analogies soi-disant allemandes, de même que pour le Schlewisg et autres territoires. — Avec la puissante organisation militaire qui fournit de telles forces à des jalousies, à des ressentiments, à des menaces qui ne sont pas seulement la voix isolée d'un homme, mais le refrain des parlements et l'écho d'un peuple fanatisé, en supposant un présent paisible, acheté au prix d'une douloureuse résignation ; n'y a-t-il pas beaucoup à craindre pour l'avenir ?

Alors se pose la question, pour nous, s'il n'est pas mieux tout d'abord de résister à une politique si manifestement et outrageusement hostile à nos meilleurs intérêts, quand elle est encore contestée et que nous avons l'alliance secrète des victimes, des opprimés, des enrôlés de force, des exposés, ou d'attendre inertes jusqu'à ce que la puissance qui a surgi inopinément par notre neutralité attentive, sinon partiale, se soit affermie par le succès, l'habileté, la consistance de ses pratiques, jusqu'à ce qu'enfin nous ayons simultanément perdu la confiance des autres et notre propre respect, notre antique renom ? Aux témoins impassibles ou effrayés d'un pareil outrage, les victimes qui tombent disent en disparaissant qu'elles ne seront pas les seules ou les dernières.

Les utopistes qui croient que ne rien faire c'est fermer l'outre des discordes et conflits, connaissent bien peu la nature humaine et l'inflexible logique de l'ambition triomphante. — Vaine spéculation! — Voyez les situations amener toujours un esprit correspondant! Avec les traités de 1815, un journal allemand le faisait ressortir, c'était la crainte. Après le traité de Prague, la défiance s'écrivait dans les traités secrets d'alliance offensive et défensive. En ce moment, la formidable œuvre de M. de Bismark achevée, le ciment de son colossal empire peut-il être autre que celui fourni par la guerre? Sera-t-il embarrassé d'y trouver des prétextes, si son intérêt est de s'y jeter? Ne s'est-il pas montré ingénieux et impudent tour à tour à l'égard du Danemark, derrière lequel, cependant, il pouvait rencontrer la France et l'Angleterre; envers l'Autriche suivie de la confédération, que le vote de la diète de Francfort, le 14 juin 1866, avait donnée à François-Joseph, et que l'on croyait sûr de la victoire par cela même? Dans la question du Luxembourg, on sait ce qu'il a fait. L'intervention, il se l'approprie et en écarte la France. — Son ironique circulaire a dissipé toutes les illusions. Les vues et les comptes sont trop clairs sous les déclarations tranchantes d'un esprit qui ne s'amuse pas aux périphrases. Quand nous prétendons avoir droit à ses égards et gratitude pour avoir favorisé, au moins indirectement, ses agressions par notre neutralité, lui qui ne veut rien devoir qu'à lui-même, et que la reconnaissance n'oppresse pas (témoin la façon dont il a payé l'Autriche dans l'affaire des duchés), il ne se fait pas faute de dire, « que nous avons été neutres, seulement parce que nous n'osions pas être hostiles, et qu'il a réussi nonobstant nos souhaits et nos mauvais secrets et desseins. »

Mais la guerre (aussitôt que ce mot est prononcé, un frémissement court à travers les intérêts et les sentiments d'humanité), dit-on, est un mal, serait un désastre, et sommes-nous en situation d'en braver les hasards et d'en accepter les charges? Oh! sans doute la guerre amène les impôts, le drainage du capital, la perte des vies, la dépréciation de l'industrie, des souffrances multiples, qui l'ignore? Cependant il y a des causes qui font non-seulement la guerre nécessaire, mais juste, et ne laissent apparaître cette œuvre de désolation que comme le plus saint et le plus noble des devoirs. Certes, l'armée pontificale en témoigne. Les échos du monde entier, la gloire, la bénédiction de l'Église environnent les survivants et les morts, ces Macchabées qui peuvent exciter les sceptiques ironies de M. Guéroult, oubliant qu'il a prêché la croisade antifrançaise de la Prusse et osant s'attaquer à ce qu'il y a de plus noble et de plus juste.

Ceci dit, nous revenons au grave sujet des *points noirs à l'horizon* de l'avenir. Cette parole caractéristique ne permet plus à l'optimisme ministériel de nier désormais. — L'Empereur, avec toutes les lumières dont un voyageur n'a qu'un rayon qui lui avait suffi pour voir clair devant lui, ne peut manquer de s'apercevoir que le principe qui fait à la Prusse poursuivre cette marche, dont chaque jour montre un nouveau progrès, est la négation de ce qui fut la loi attractive de la politique française, et avait été aussi consacré comme la loi de l'Europe, même en vertu de ces traités de 1815 abhorrés (1).

Eh bien ! de cette situation qui à la suite des discussions de toute nature, des événements, cette pierre de touche infaillible de la vérité, a dépouillé toute équivoque, de cet état de choses découle une grave question : elle tient en ce moment le monde et la France dans une solennelle émotion.

Il s'agit de savoir si notre neutralité doit se prolonger, ou s'il convient, par l'obstacle de la force à l'exécution des plans dénoncés, d'écarter des dangers qui, découverts, peuvent nous appeler à une guerre inévitable, dans des conditions pires que celles d'aujourd'hui.

Ce pressentiment de la guerre tôt ou tard est universel ; vous le trouvez partout : les citoyens les plus agrégés au congrès de la paix en déplorant l'état

(1) Sa lettre à M. Drouin de Lhuys et plusieurs de ses discours constatent qu'il a en effet parfaitement apprécié la situation. Les documents et déclarations à la conférence de Londres pour l'arrangement du conflit dont le Luxembourg fut l'objet, le confirment de la manière la plus claire.

des choses s'y résignent, les militaires accoutumés aux solutions du glaive sont presque unanimes dans la pensée qu'il aura à réparer ce que la politique n'a pu ou su empêcher.

Une fois établi que, par sa faute ou par celle de son gouvernement, une nation est décidée, sauf l'atteinte à son territoire, à se désintéresser dans la question de ses droits déterminés par les traités et sa politique, cette nation cesserait d'avoir contre les autres l'arme que celles-ci ont contre elle. Ne leur inspirant plus l'inquiétude qu'elle accuserait pour elle-même, dès lors, la partie ne serait plus égale. L'opinion établie qu'elle finirait par tout céder sans qu'on lui cède rien, rendrait un ministre des affaires étrangères une décoration de luxe pour représenter fastueusement, exercer son talent littéraire dans de vaines notes, mais non pour aboutir à d'effectifs résultats.

Est-ce de céder toujours ou de résister à propos qui assure la paix ? M. Casimir Périer en allant à Ancône, le ministère du 11 octobre en entrant en Belgique et bombardant Anvers ont mieux alors assuré la cause de la paix qu'en reculant. Ainsi, Louis-Philippe, le prince qu'on a voulu décrier en l'affublant du renom de vouloir la paix à tout prix, interdisait, sous *casus belli,* l'intervention étrangère en Belgique, en Suisse, en Piémont, en Espagne, sous peine de rencontrer une armée française. Ces

États, ainsi protégés par la sollicitude et la main de la France, étaient ce que l'on appelait les prolongements de nos frontières.

Nous daguerréotypons une situation grave au mieux de nos faibles lumières et à l'aide des souvenirs, ce flambeau qui projette l'expérience du passé sur le présent.

Nous n'avons pas qualité pour peser dans la balance ces deux systèmes qui après tout éclos du même esprit ne varient que quant à la question d'opportunité. Dans une telle crise de l'Europe et de la fortune humaine, si l'émotion est le fonds commun de tous, le droit de décider constitue le privilége d'une redoutable responsabilité appartenant à un petit nombre en Europe, en France, à un seul, l'Empereur, aux termes de la constitution, et d'après les précédents des guerres de la Crimée, de l'Italie, du Mexique.

S'il faut abandonner le glorieux rôle qui faisait dire à l'Empereur qu'on trouvait partout la France où il y avait une cause juste à défendre, cette sainte cause qui nous faisait le patron le plus efficace de l'indépendance et de la liberté de l'Europe, à qui l'histoire en imputera-t-elle la responsabilité? Ce ne sera assurément ni à MM. Thiers, Berryer, Jules Favre, ils ont inscrit leur opinion dans des discours, monuments de leur gloire pour la postérité. Mais, pourrait-on dire de même des ministres qui ont contesté et repoussé les plus salutaires avertissements ? Il ne suffit pas pour ces dénégataires éloquents sans doute, mais vaincus par les faits et événements qu'ils n'ont su ni voir, ni prévoir, de se retrancher dans l'innocuité de ministres irresponsables, sous l'abri de l'unique responsabilité du souverain. Thèse sans issue. Car le difficile est de savoir même pour les légistes d'État (eussions-nous en France des syndics de la couronne), où cette responsabilité commence, où elle finit, où elle est invocable et comment elle peut ou doit se produire. Questions immenses, restées jusqu'à ce jour insolubles. M. Troplong avec toute sa science, M. le garde des sceaux rompu à la jurisprudence d'État, familiarisé avec le droit public et armé de toute la dialectique d'une parole exercée, pourraient-ils à cet égard donner une règle, définir les principes, et en tracer la procédure, sans laquelle le droit est un levier qui n'a pas de point d'appui.

De ces considérations, il résulte que l'abandon d'un tel droit, celui de l'équilibre des forces, de l'observation des traités serait ouvrir, précipiter, consacrer une déchéance. Le sentiment qui vient du cœur et des souvenirs nationaux, sous la garde de l'empereur et du patriotisme, ne saurait aboutir qu'au respect des garanties du présent, en sauvegardant l'avenir. Ce n'est pas de l'héritier de Napoléon qui, après avoir accumulé tant de victoires, avait rejeté la séduction d'un pouvoir amoindri, plutôt que de découvrir la France, qu'on peut craindre une défaillance de cœur et une erreur de l'esprit. Le monde nous regarde, c'est au génie à rendre le patriotisme invincible.

On peut apprécier aujourd'hui les conséquences des désertions de l'œuvre accomplie par M. de Talleyrand en 1815 : un des caractères distinctifs de ce grand diplomate, c'est qu'il avait l'air de suivre les événements et qu'au fond il les dirigeait. Comme au fond, il avait préparé leur venue, il était prêt avant tout le monde, et ce qui a fait sa supériorité politique, c'est qu'il n'y a jamais eu pour lui d'imprévu. Non pas que les événements se soient toujours accomplis, comme il le voulait, non pas qu'il n'ait eu aussi ses mécomptes ; mais il ne se désespérait pas et ne se décourageait jamais. Son intelligence supérieure lui montrait une ressource, où les autres ne voyaient que des embarras, et suivant sa maxime, il y avait toujours en tout un parti qui était le meilleur : l'important c'était de le voir, ce qui était l'affaire de l'esprit, et de le prendre, ce qui est l'affaire du caractère. C'est ce second point qui manque encore plus que le premier à la plupart des hommes.

Ces dons se sont manifestés dans toute leur attractive puissance au congrès de Vienne, où ce grand diplomate fit sortir la garantie de la force de la

France, bientôt prépondérante, par suite de la division équilibrée de l'Allemagne. Ambassadeur d'un peuple vaincu dont les armées et les arsenaux avaient cessé d'être redoutables, il dérobait aux vainqueurs le prix de leur victoire avec un de ces effets d'optiquedont la fascination était un de ses priviléges; il disait aux rois, aux plénipotentiaires : « Je vous apporte plus que vous n'avez, je vous apporte l'idée du droit. »

Pour empêcher M. de Bismark d'absorber l'Allemagne comme M. de Talleyrand empêchait M. de Hardemberg d'avaler laSaxe en 1814, quel sera le talisman de M. Rouher contre le Richelieu germanique? M. le ministre d'Etat, s'il a la perspicacité du grand homme d'Etat français, aurait-il encore l'autorité de son opiniâtre caractère? Mais, l'indispensable condition du gouvernement et du succès, la décision s'est abîmée dans les irrésolutions successives substituant les projets à l'action. Le moyen de resserrer dès lors M. de Bismark trop connu par ses œuvres *très-allemandes*, mais *très-anti-françaises?*

Ah! prince de Talleyrand, si vous aviez été sur cette terre, vous fussiez-vous borné, alors que votre œuvre était menacée par l'ambition d'un *seul*, aux angoisses patriotiques de M. le ministre d'Etat, cela vous eût-il paru suffisant dans la conjoncture périlleuse? Néanmoins l'homme d'Etat que vous aviez inspiré et dont vous aviez deviné le grand essor, M. Thiers, au moment suprême, demande vainement la parole. L'illustre Berryer, qui confondait son patriotisme avec celui du grand orateur contre lequel lui tout-puissant par la parole avait si souvent lutté dans d'autres temps, adjure la chamdre d'écouter : tout fut inutile ; le silence demandé par M. Rouher fut gardé, aussi sommes-nous réduits à épeler les sombres hiéroglyphes d'un cabalistique avenir.

SITUATION FAITE A LA FRANCE

PAR LE NOUVEL EMPIRE D'ALLEMAGNE.

Une grande et terrible lutte a été évitée par les soins de la diplomatie; c'est à ce tribunal d'Amphictyons réunis, sous la présidence de Lord Stanley, que l'humanité doit l'hosanna de sa gratitude. — Mais la blessure faite à l'opinion de la France déçue y a-t-elle trouvé le remède qui laisse intactes la force et la foi nationale au point où elle était jadis? Après la signature de ce traité qui substitue une neutralisation à la cession du Luxembourg faite par la Hollande à la France, et remplace le droit de garnison prussienne réduit à la citadelle, par la garde de la garantie de l'Europe sur le territoire entier, la Prusse non-seulement voit consacrer ses conquêtes, mais encore ne craint plus de marcher visière baissée à l'unification germanique, sous sa direction suzeraine et son autorité absolue au fond.

Aussi les traités de 1815 maudits sont bien, *facto* et *jure*, morts et enterrés. La Prusse, on sait ce qu'elle y gagne. A peine écarté l'échafaudage de la conférence, on voit se dessiner, inévitable, l'empire allemand, posant sur la tête du vieux Guillaume cette couronne germanique, conquête de son opiniâtre résolution, du génie foudroyant de son ministre, de l'épée de ses fils, du héros de Sadowa, dont le grand air a impressionné chacun. Le prince royal a dû faire tressaillir les mânes du grand Frédéric, le jour où le sanglant et glorieux laurier d'une victoire fastique a ceint son front.

Mais que gagne donc la France au sein des politiques contraires déclarées, tantôt pour l'équilibre européen, le lendemain pour les grandes agglomérations par M. de La Valette, enfin des autonomies moyennes et petites avec de Moustier, mais système qui déjà a trouvé son épitaphe, par la bouche de l'Empereur dans son discours du 18 novembre, où la France se désiste dans la révolution qui fait de l'Allemagne l'Empire d'un seul.

En fin de compte, la France garde les restrictions politiques et géographiques contre lesquelles s'éleva avec tant d'éclat l'illustre auteur des idées napoléoniennes. Ainsi nous n'aurons protesté, approuvé la décomposition de l'ordre existant, exprimé les plus nationales aspirations, répandu tant d'anathèmes sur l'œuvre du congrès de Vienne que pour servir à l'agrandissement prussien, récusé, réprimé alors au début, cependant c'était au fort de nos malheurs. O hommes, inclinez-vous devant votre néant! Vous tous implacables dans vos réprobations pour l'œuvre conquise sur les circonstances par M. de Talleyrand, faites sortir de vos combinaisons au sein des plus favorables conjonctures qu'ait jamais eues gouvernement, un équilibre pareil, gardant a la France autant de prépondérance! Cependant avec quelque clairvoyance, et avec la tradition vous auriez pu entrevoir et pressentir les déceptions du lendemain que devait vous apporter la voix de ce grand mystificateur qu'on retrouvait hier à Paris, au milieu des enchantements! — C'est nommer le comte de Bismark. Ah! celui-ci a le droit dans un autre sens que le Doge de Gênes à Versailles, d'exprimer son étonnement de s'être vu le point de mire de tant de regards, dans ce ciel de fêtes dont celles du grand Roi n'étaient auprès qu'une nébuleuse étoile. Oui, à son audace, à ses succès, comme homme d'État il ne manquait que celui-ci! —Venir se montrer illuminé, grand par ses triomphes inespérés, inouïs, au pays et au Souverain qui avaient d'autres vues, une toute autre raison d'État. Allemands, poussez des hourras frénétiques devant le grand Ministre! Il ne faut pas les attendre pour lui de quiconque sent battre dans sa poitrine un cœur français. Ainsi les anathèmes, si l'on aime mieux, les réserves nationales aboutissent à la glorification de l'homme à volonté de fer qui, après avoir fait crouler un édifice, à trente-huit compartiments fractionnés, est en train, sans conteste et en quelque sorte, avec des approbations qui semblaient impossibles de battre sur l'enclume de l'hégémonie, la constitution en bronze appuyée sur 1,400,000 soldats. Désormais ils ne connaissent plus qu'un drapeau, qu'un calibre, un uniforme, sous un unique commandement. Telle est l'œuvre formidable accomplie par un grand politique à la surprise de nos hommes d'État investis du pouvoir (1). Ils protestaient *ante bellum*, à l'ouverture du drame; mais plus tard ils devaient épouser des vues toutes contraires comme en témoignent les discours et autres actes officiels.

A quoi peut se rattacher avec confiance et sûreté le pays, au sein de ces changements soudains, montrant la série des opinions et systèmes qui se succèdent comme des décorations théâtrales !.... un rapide tableau va le démontrer.

On avait proclamé la politique d'équilibre comme essentielle à la France et à l'Europe. Qu'en est-il

(1) Il faut en accepter MM. Thiers, Berryer, Jules Favre et leurs adhérents ; c'est un titre devant l'histoire et la postérité. — Dans la presse il faut rappeler à cet égard les titres. Parmi les journaux de l'opposition, *l'Union*, *la Gazette de France*, *le Monde*, *le Temps*, plus tard, les remarquables articles de M. de Girardin. Dans la presse gouvernementale, se détachait *la France* dont les correspondances de Francfort étaient la voix de l'avenir. Plus tard *la Presse*, *la Situation*. Leurs rédacteurs ont été les vrais hommes d'État de la publicité.

advenu? — Regardez M. de Bismark et son œuvre!

Puis est venu le système des grandes agglomérations. — Ceci était autre chose, mais M. de Bismark était encore là pour tout s'approprier, sans nous laisser un fragment de rocher, une bande même pour la plus légère rectification de frontière.

Voici le tour du principe des petites, moyennes autonomies, des coussins de neutralisation : ce principe vivait hier, par l'existence garantie et maintenue des petits États formant notre ceinture de sûreté et le complément de notre influence extérieure; mais il n'est plus qu'un souvenir d'un autre âge. Quel est le Jésus qui peut souffler sur ces cendres qui recouvrent la vieille inoffensive confédération de 1815, — réprouvée, et en faire surgir la vie frappée à Sadowa? La politique, même celle de la France, cette fille ainée de l'église, n'a pas la puissance de résurrection que Dieu le père avait donnée au Christ son fils. — Mais ce qui n'est pas un mythe, c'est la Prusse debout, fière et confiante. Hier elle étalait à nos yeux son Roi inflexible dans ses desseins, son héros et son grand architecte d'État. Vieux démocratisme suranné, vous renfermant dans cette jalousie d'en bas, fauchant la liberté pour de vaines enseignes, exaltez-vous! Ce n'est pas par droit de naissance, mais par le droit brutal de la conquête qu'on s'assimile cet empire fameux auquel s'opposa par les armes la vieille Monarchie. Ce fut son œuvre et sa gloire. Aujourd'hui, au lieu de ces parties, disjointes, mal engrenées pour l'action, surgit majestueusement un bloc d'une seule pièce. Le groupe méridional restait notre espoir éventuel, mais aujourd'hui il est soudé au premier par une main habile. Celui qui se flatte d'en opérer la fusion complète, regarde en attendant d'un œil impassible et ferme tout ce qui peut se dresser à son encontre, après avoir bravé les périls du présent il attend du temps l'assimilation d'une force et d'un pouvoir écrasants.

MODIFICATIONS NÉCESSAIRES

DANS LE RÉGIME INTÉRIEUR.

Lorsqu'un voyageur égaré par l'obscurité et la frayeur s'est engagé dans un labyrinthe, il ne peut en sortir qu'en revenant sur ses pas. C'est ce qui a déterminé l'empereur François-Joseph et M. de Beust a abandonner les errements de leurs prédécesseurs ; il doit en être de même en France. On s'est fourvoyé dans les illusions du gouvernement personnel et dans des expéditions auxquelles la nation n'a pas été appelée à souscrire si ce n'est après, lorsque l'histoire n'avait qu'à enregistrer l'adage : *Consummatum* est, et pour en solder les charges. Il faut donc que la France, revenant sur ses pas, retrouve la route du système parlementaire seul susceptible d'empêcher une témérité et de fortifier les causes justes ; ce n'est pas aux révolutions que les hommes sages demandent la réparation mais au concours des forces régulières et légitimes.

Dès lors, le gouvernement pourra réagir contre des audaces étrangères, qui jadis eussent amené les représentations les plus énergiques et la résistance par les armes. Sachons être justes envers les gouvernements tombés. Pour moins que cela, la restauration fit les campagnes d'Espagne et d'Alger ; Louis-Philippe, la campagne de Belgique et le siége d'Anvers.

Puisqu'on ne veut ou que l'on ne peut désarmer, qu'au contraire il faut progresser dans ces préparatifs de forces militaires, la France a le droit de connaître les motifs pour lesquels on lui demande de tels sacrifices. C'est une aggravation générale qui, des personnes, s'étendra sur les intérêts. A-t-on calculé exactement le chiffre des dépenses qu'il faudra proportionner à un armement plus développé? Il se produit au moment où l'opinion réclame vivement l'équilibre financier, afin d'arrêter cette succession de déficits croissants.

La politique, les finances, le gouvernement se trouvent donc engagés dans une voie sans issue, dans un labyrinthe qui imposent de revenir sur ses pas.

Où va-t-on, si on persévère, quand une voix prévoyante dit « gare » ou crie au factieux. Qui saurait oublier les traits acérés au sujet de l'expédition du

Mexique et des affaires d'Allemagne ? Les ironies ministérielles pleuvaient sur M. Thiers, sécriant dans un langage aussi fin d'atticisme que de sagacité : « J'ai beaucoup connu le beau père de celui auquel vous offrez la tentation d'une couronne, il avait beaucoup d'esprit ; l'archiduc Maximilien, en eût-il autant, en aurait-il plus encore, oh! ce ne serait pas assez pour mener à bien la tâche difficile, que dis-je ? la tâche impossible que vous lui faites entreprendre.» L'homme d'Etat *tant pis*, c'était M. Thiers. L'homme d'Etat *tant mieux*, c'était M. Rouher. L'événement a prononcé : — Continuons.

Tant d'exemples seront-ils perdus? On ne saurait marcher ainsi plus longtemps, sans courir à des sinistres. Ecoutez les mille voix de l'opinion demandant une situation plus rationnelle ! Ceux qui disent le contraire à l'Empereur le trompent, plus fidèles à la préoccupation de garder leur pouvoir, qu'à la vérité qu'ils lui doivent. Les protestations exagérées d'un dévoûment à sa personne, ne sont rien si elles ne s'allient à l'intelligence de la situation politique, au courage de la vérité, au sacrifice des postes que l'on ne peut occuper avec autorité, d'une manière efficace pour le pays et le Souverain.

Afin de faire cesser les mécontentements et les craintes, de prévenir de nouveaux déficits, pour ne pas être demain exposé à quelque dilemme embarrassant de la part de M. de Bismark, y ajoutant comme post-scriptum *un*] *ultimatum* concluant de son ironique circulaire, tout prescrit de couronner les libertés nécessaires par une représentation issue de la nation affranchie, des candidats imposés. Alors la France pourra se rassurer dans la force et la confiance. Autrement les points noirs ne feront que s'étendre pour fondre tôt ou tard en orage de mitraille, en grêlons d'un champ de bataille.

C'est une erreur de placer l'ordre et les plus sûrs gages de la paix dans les gouvernements personnels. Le mot d'Alexandre à madame de Staël : « Je ne suis qu'un accident heureux, » restera un enseignement. Lorsque le faux se pose dans les principes il descend dans les faits.

Aujourd'hui la méfiance s'étend et va jusqu'à anarchiser l'opinion en créant une *impuissance d'être* morale, pour emprunter les deux mots de Fontenelle, parce qu'il n'y a pas un seul principe de gouvernement, une seule question de haute politique avec laquelle on ne puisse mettre les organes accrédités en désaccord avec eux-mêmes.

L'homme public surtout a besoin de la dignité morale qui s'attache à la fixité des opinions. Quand elle manque, le peuple dérouté accueille les plus funestes interprétations. De même que dans l'ordre religieux à défaut de la vraie foi, la superstition et le sophisme règnent. Mais cette vacillation de pensées et de langage a une bien fâcheuse influence dans les rapports avec l'étranger, là où l'affaiblissement de l'autorité morale, où le doute sur la parole donnée après des variantes qui déconcertent la confiance, rend les alliances éphémères, sinon impossibles. C'est au delà de la frontière qu'on aperçoit ce que le souffle de ce discrédit a de mortel.

Il est temps de retirer la France de cet état d'anxiété qui est la pente d'un abîme. Tout principe suppose une croyance qui sans des œuvres en rapport est réputée par les masses une comédie. Elles ont vu un trop grand nombre qui, sous le manteau d'un dévoûment de parade, ne visaient qu'à des satisfactions personnelles. Pour ceux-ci, il n'y a pas de devoir et de droit, il n'y a que des avantages et faveurs à recueillir. Ce n'est donc pas la route des principes, du dévoûment, du courage, des buts déterminés où le patriotisme élève au-dessus des calculs de l'avancement personnel; c'est celle des irrésolutions, des expédients, des apostasies.

Aussi voyez ce qui en résulte : des hommes, des ministres, ont dit à la face de la France et de l'Europe : « Nous ne céderons pas sur cette question ; il y va de l'honneur et des intérêts de la France. » Mais attendez un peu ! La politique arborée par rapport à l'Italie, à Rome, à la Pologne, au Mexique, à l'Allemagne, le droit international, ces clients qu'ombrageait notre drapeau, que sont-ils devenus ? A l'intérieur, même contradiction : ce qui était repoussé comme un outrage est appuyé comme un droit. Mais prenez garde, en abjurant ainsi toute force morale, vous perdez tout titre à la croyance de vos auditeurs, si vous vous croyez sûrs de la France officiellement inspirée, au moins avez-vous à compter avec l'étranger contre lequel vos agents ne peuvent rien, messieurs les orateurs officiels! Vous, ses organes aux divers degrés de la hiérarchie administrative, servez-vous bien le gouvernement, en détruisant la force morale sous des contradictions si manifestes; en passant du lit abandonné de l'opinion de la veille dans celui de l'opinion contraire du lendemain? Vous détruisez le principe le plus vital de l'autorité par ces variantes qui sont le désarroi des intelligences, prélude de celui des intérêts. Car dans ce cercle les deux forces se tiennent : on ne peut porter atteinte à l'une sans blesser l'autre.

Il faut qu'un gouvernement joigne l'exemple au précepte et prenne la tête du vrai pour qu'on s'en repose sur lui; il faut que l'opinion, en face de vous, hommes du pouvoir ayant le devoir de toujours l'éclairer et souvent de la diriger, sache bien qui vous êtes, ce que vous pensez, ce que vous voulez!

Il ne s'agit pas de donner le change avec des masques divers et de vaines paroles, expédients qui ne trompent que ceux intéressés à se laisser tromper; car au jour du danger, l'histoire l'a gravé en traits sanglants, le manque de principe, l'inanité du caractère, le vide du gouffre entr'ouvert apparaissent pour devenir l'entrave, la faiblesse, l'écueil d'une situation.

Longtemps on a pu louvoyer, esquiver; mais les difficultés restaient. Enfin sont venues les trois grandes erreurs rappelant le mot de M. Thiers, par suite de la mise en oubli de notre politique traditionnelle extérieure. MM. de Cavour, Bismark, nous n'osons nommer Juarez, ont surgi au sein de ce désarroi. Ils avaient l'avantage d'avoir une règle, selon nous basée sur des principes funestes, mais d'où ils ont fait sortir des effets qui pèsent aujourd'hui sur nos destinées. Des hommes sans conviction succomberont toujours devant ceux qui en ont, quelles qu'elles soient, d'où qu'elles partent. C'est une loi universelle et elle est juste. L'histoire de tous les temps en accumule les preuves. Il y a la politique qui se borne au présent et s'ingénie à savoir ce qu'il faut dépenser pour gagner à tout prix le lendemain; il y a celle qui, en pourvoyant au présent, cherche à assurer, à grandir l'avenir.

L'homme est quelque chose de trop élevé pour être gouverné par des intérêts purement matériels; il ne vit pas seulement de pain, et dès qu'on refuse de lui servir la parole de la vérité, ou dès que chancelle cette parole, sel et arome des âmes, on perd l'autorité nécessaire pour gouverner. Il manque pour cela la première des conditions, celle qui commande l'obéissance en commandant le respect et en inspirant la foi.

En effet, si le gouvernement seul, armé de cette puissante centralisation, distributeur de toutes les faveurs, faisant la fortune d'un pays et des individus là où il les place, n'a pas pour contrepoids une presse libre, accessible à tous, le droit de réunion qui permet le concert, la recherche et l'examen raisonné et public des candidatures à tous les degrés de la représentation nationale ; ah ! si cela n'est pas et est soumis au bon plaisir de l'autorité fatalement tracassière en ces occurrences (trop d'exemples en témoignent), alors votre prétendue égalité sera la mise au ban de l'exclusion de ceux qu'il vous plaira de signaler comme opposants ! La représentation nationale sera une fiction ; alors tout tend à se fausser et se faussera, car le souverain le plus jaloux de la vérité est, sous un tel régime, enfermé dans un cercle fantastique. De bonne foi, peut-on soutenir le contraire ? Qu'on aille dans les campagnes, et l'on verra que hors les conditions et garanties que nous venons légalement demander, l'élection n'est pas un concours libre ; car la lutte inégale partout, impossible dans plusieurs endroits, ne saurait apporter le résultat et le choix du pays. C'est d'une telle évidence, que si les agents publics agissaient comme font les grands propriétaires respectant la manière de voir de leurs colons, on verrait ce qui resterait au quotient de ces majorités écrasantes que la presse officielle ne manque jamais de transformer en voix du pays.

Non, on ne sait pas ce que c'est que l'élection dans certaines campagnes, exercée par des gens qui ne savent ni lire, ni écrire, étrangers à toutes les notions, et offrant ce spectacle étrange qu'en venant voter, les électeurs illettrés présentent leur carte nominative au lieu d'un bulletin : dans l'ignorance de ce qu'ils ont à faire, ceux dont M. Duruy a entrepris l'éducation, commencent par se consacrer eux-mêmes. Mais il ne faut pas y voir un but personnel ; car aussitôt qu'on leur signale leur méprise, le maire reçoit cette réponse stéréotypée : « Donnez-moi le bulletin que vous voudrez. » Cette vérité doit être connue du souverain (et au sein des campagnes, voilà ce qui se fait), car elle infirme les effets de fausse optique que bien des préfets et ministres même ne manquent pas de faire miroiter.

De loin c'est quelque chose, et de près ce n'est rien,

Cet état de choses, qui a été traduit dans un beau discours de l'infatigable et universel M. Thiers, où les résultats du gouvernement personnel se montrent dans leur lumière, ne peut être mis en pratique qu'avec de grandes dépenses d'abord. Il faut un mécanisme de bureaucratie et de fonctions nombreuses, formant un réseau qui enlace jusqu'au moindre hameau, et a pour instruments actifs les facteurs, gardes champêtres, cantonniers, transformés en agents électoraux par l'administration. Où est le contre-poids à cette force de propagande submergeante pour le candidat opposé, simple individu trop souvent refoulé par une force collective irrésistible?

Ces jours-ci, un souverain étranger et son premier ministre étaient salués par les sympathies, les éloges, les encouragements au sujet de la voie de large libéralisme où ils sont entrés pour y marcher d'un pas rapide. Ce n'est pas trop de demander au souverain qui invoque, comme son privilége et sa force, d'être l'élu du peuple et l'héritier des principes de 89, de donner à cette France jalouse de marcher à la tête des nations, des droits, des libertés comme en Autriche. — Certes, si la question était soumise non aux foules ignorantes d'où l'on peut faire sortir toutes les contradictions (ceci s'est vu dans ces prétendus recours au suffrage universel, au Mexique et en Italie), mais à la partie qui sent, comprend et peut répondre en connaissance de cause, l'école *restrictive* en politique après avoir été *abolitioniste* en économie politique, serait effrayée de son isolement. — Voilà ce qui est partout dans le pays, voilà ce qu'il faut faire connaître au souverain, dont la pensée, le 19 janvier, jaillissait d'elle-même dans son sens juste et national ; ceux chargés de la ramener à exécution n'en ont plus trouvé l'heure sur leur cadran vieilli et détraqué par de toutes autres préoccupations, mais ils auront beau faire, l'heure viendra. Pourquoi ne pas en avoir la bonne grâce? pourquoi, à la suite du bon élan de l'Empereur, placer leurs petites habiletés pour prolonger le provisoire, condamné par la parole impériale? Est-ce que vous en êtes à ne pas savoir, que lorsqu'un bon sentiment s'est manifesté si haut, c'est aux ministres à en hâter les bienfaits! De la sorte, on ne laisse pas à l'esprit de parti, aux soupçons injustes ou vrais, la possibilité de dénaturer ou de douter. L'à-propos est tout, disait Voltaire. En cette occasion, il vous obligeait d'autant plus que le saisir, était assurer une force véritable au souverain, non moins qu'une juste reconnaissance.

LA MODIFICATION MINISTÉRIELLE.

Il y a peu de jours, un esprit supérieur enrichi de tout ce que la science, les souvenirs, la connaissance de l'Europe et de ses hommes d'État, l'expérience des affaires peuvent prêter d'intérêt à une conversation qui étincelle comme un diamant (le lecteur a déjà deviné le nom), traçait, avec l'atticisme de cette clarté lumineuse dont il a le secret, le portrait d'un ministre tel que la réalité l'exigeait, pour le mettre à l'unisson des devoirs les plus essentiels de sa place. Tous ses auditeurs étaient sous le charme. Que la France urbaine et rurale n'était-elle là pour s'instruire et ne plus marcher à tâtons! Encore ne s'agissait-il pas de l'homme d'État véritable dont le modèle nous était tracé (mais nous l'avions devant nous et l'entendions). Il faut en revenir aux conditions normales, aux qualités communes de tout ministre, afin qu'il soit en état de *décharger ses fonctions*, pour emprunter la formule caractéristique anglaise.

C'est depuis cet entretien que le *Moniteur* nous a appris le nouvel aménagement ministériel. M. Magne revient aux finances, il est doué de l'esprit d'ordre des traditions financières d'autrefois : il possède cette spécialité. M. Thiers, celui auquel nous faisions allusion tout à l'heure, lui a reproché seulement le *manque de férocité.*

Cette place n'est pas une sinécure, surtout dans les circonstances actuelles. Beaucoup d'abus à faire cesser, des refontes indispensables à opérer, une perception des impôts plus économique à substituer au vieux, lourd et dispendieux mécanisme que ne comporte plus la rapidité des voies et moyens, des dépenses à couvrir, des éventualités redoutables à considérer, et sans nul doute un fort arriéré à liquider, telle est la rude tâche de l'athlète de nos doubles budgets.

M. Pinard, de la carrière judiciaire, passe tout à coup à l'administration, en raison, dit-on, du talent de parole qui en fait un ministre de discussion. Sans doute c'est une faculté essentielle, mais qui pour ne pas être stérile pour le bien et la bonne conduite des affaires, doit se relier à bien d'autres qualités. Lorsque nous reportons le regard sur l'Angleterre, ce pays de nos séjours et nos études, nous voyons là des ministres qui arrivent non comme l'expression d'une prédilection et d'un choix du gouvernement personnel, mais bien comme répondant à une situation, à un ordre d'idées qui triomphe, à des preuves de talent, de supériorité ayant groupé par avance des forces, des intérêts, des dévoûments sous l'autorité de celui qui s'élève naturellement à un haut poste, de même que l'eau monte à son niveau. — C'était avec une émotion patriotique que ces réflexions nous étaient suggérées hier par l'entretien familier entre M. d'Israëli chancelier de l'Échiquier, longtemps *leader* du parti Tory, à la chambre des communes et le nouveau lord maire. C'est l'effusion dans l'émulation pour le bien. — Le ministre expose les vues et motifs de la politique du cabinet ; le représentant de la couronne et l'élu de la Cité sont animés des mêmes sentiments, au souffle des libertés parlementaires et municipales se fortifiant les unes par les autres. M. d'Israëli comme tous les ministres anglais n'est point entré au pouvoir par *intrusion*, il est l'expression du cabinet, lui-même, expression de la Chambre qui est à son tour le résultat du concours libre ouvert entre les partis dans un pays où la candidature officielle n'est pas admise.

Un ministre dans ces conditions n'a pas seulement la force pour le bien intérieur, c'est encore l'autorité qui en résulte pour le dehors. Puisqu'on parle sans cesse de l'Angleterre, qu'on y puise davantage pour la pratique. Est-ce que des ministres pris hors du parlement ne seraient pas considérés de l'autre côté du détroit comme une hérésie anti-nationale ?

Sur cette mer agitée qu'on peut appeler la politique, où il faut connaître les faits, les acteurs, les intérêts, les vues contraires cachées comme des écueils perfides, le capitaine d'un grand vaisseau ministériel doit s'y être préparé de longue main par l'étude, l'expérience, la connaissance des hommes, des moyens, du but, des situations engagées. On a pu dire qu'on naissait général par le privilége d'un génie supérieur qui en a élu un très-petit nombre, tels qu'Alexandre, César, Condé, Frédéric, Napoléon, mais on ne naît pas ministre. Ce n'est pas au sein de complexités semblables à celles dont se préoccupe l'opinion, que le choix est indifférent. Il ne faut pas s'imaginer, sous peine d'affreux mécomptes, que la politique soit une exaltation, une chaleur de tête, qu'il suffise d'une centralisation mécanique à l'efficacité du commandement. La centralisation est plutôt la force écrasante des droits individuels désarmés contre elle, que l'engin de la liberté et de la grandeur nationale intellectuelle. D'ailleurs, si le mécanisme a tant de rouages et de forces aspirantes et foulantes, le choix du mécanicien, ses aptitudes, sa science importent d'autant plus.

En terminant, c'est nous rendre l'écho du sentiment public que d'adjurer le gouvernement d'aller aux supériorités, et, comme en Angleterre, de s'appuyer sur ceux qui ont fait leurs preuves et pris leurs grades dans les grands corps de l'État, ou dans les services consacrés par l'opinion. A cet égard, comme méditation de tous les temps pour ceux qui sont à la tête des peuples, nous ne saurions mieux faire que d'emprunter une opinion de Fénelon exprimée au duc de Chevreuse, au sujet des déconvenues de Louis XIV et des malheurs de la France.

« Notre mal vient de ce que la guerre a été jusqu'ici l'affaire du roi, qui est ruiné et discrédité : il faudrait en faire l'affaire véritable de tout le corps de la nation. Pendant que le despotisme est dans l'abondance, il agit avec plus de promptitude et d'efficacité qu'aucun gouvernement; mais quand il tombe dans l'épuisement, il tombe tout à fait sans ressources. Quand le despotisme est notoirement ruiné, comment voulez-vous que les âmes vénales qu'il a engraissées se ruinent pour le soutenir? C'est vouloir que les hommes intéressés soient sans intérêt. »

LA QUESTION ROMAINE. — LE POUVOIR TEMPOREL.

Après ce qui a été proclamé et mis en lumière par les glorieuses voix du chef de l'Église, des évêques, des plus illustres orrateurs et politiques, il ne nous reste qu'à leur faire écho. L'indépendance de l'Église importe surtout à la France. Sa gloire et sa force se relient à la catholicité. L'inviolabilité du tronc pontifical nous compta toujours pour la maintenir et la défendre. Quels holocaustes d'hommes par la guerre commande l'unité des puissances politiques! En regard de leur fragilité arrosée de tant de sang, en voici une pacifique, morale, où l'unité des intelligences dans une même foi est maintenue à travers les siècles, au sein de la diversité des nations, des langues, où l'humanité est constituée dans l'unité générale, non par la terreur et la force, mais par la foi et la liberté.

Au moment où vont s'ouvrir des débats solennels, quoi de plus clair que notre devoir! un rapide exposé suffira à le bien déterminer.

Lorsqu'aux termes de la convention du 15 septembre 1864, le corps français se retira de Rome, on disait : « C'est l'honneur de la France, et l'engagement du Piémont, sauvegardant la ville éternelle, *la chaire de saint Pierre*, la suprême autorité enseignante, le centre de l'unité (1). Ainsi que les catholiques de l'univers se rassurent; le Saint-Père, le patrimoine de saint Pierre, ce qui reste du pouvoir temporel, est sous la sauvegarde de la parole italienne et de l'engagement que la France a pris envers elle-même, et le monde, de les faire respecter. A elle, en effet, appartient la mission de garder intacts le *pasteur et le bercail*. — Mais comme on l'a dit, « nous avions dans notre bonne foi écrit en français; le Piémont, dans sa duplicité, a traduit en italien. »

Quelles assurances, protestations, n'ont pas été prodiguées pour rassurer les catholiques! Mgr Dupanloup en a dressé le dossier pour un juge, qui est l'histoire. Quiconque y aura recours, fera comme Thomas : il ne doutera plus.

Et cependant, il y a peu de jours, que n'a-t-on pas tenté, au mépris des paroles de l'Empereur, *que la souveraineté temporelle, du chef vénérable de l'Église, était liée à l'éclat du catholicisme, comme à la liberté, à l'indépendance de l'Italie.*

(1) Devise au-dessus du trône pontifical, dans la basilique de Saint-Pierre.

Après la guerre, il disait : les faits parlent d'eux-mêmes ; depuis onze ans, je soutiens à Rome le pouvoir du Saint-Siége, et le passé doit-être une garantie de l'avenir.

Nous n'en finirions pas, si nous citions toutes les déclarations solennelles des ministres et des hommes du gouvernement.

Ces engagements pris devant Dieu et devant les hommes, dont l'Europe se rappelle et dont la France, aux termes de l'illustre Évêque d'Orléans, est venue affirmer de nouveau et plus solennellement que jamais le droit, la justice et l'honneur.

Mais au moment où les conjectures les plus opposées reviennent, où d'exécrables combinaisons sont produites par un parti implacable, il faut lui opposer l'unanimité des engagements tellement précis que vouloir prêter au gouvernement d'autres pensées, ce serait le calomnier ; car alors qu'y aurait-il de sacré, de garanti ? A qui se fier, que croire ?

M. Billault, dans son éloquence convaincue, s'écriait le 21 juin 1861 : « Abandonner Rome, oublier la politique suivie par la France depuis des siècles, oublier que c'est l'Empereur qui a rendu Rome au Saint-Siége, et qui a fait peut-être autant pour la papauté, que son oncle de glorieuse mémoire en établissant le concordat ; non ce n'est pas possible. »

Faut-il encore rappeler l'assurance donnée par M. Rouher lorsque M. Thiers, comme toujours montrait l'horizon non fantaisiste mais réel que savait découvrir sa perspicacité. Nous n'avons pas le texte sous les yeux; mais l'engagement pris par M. Rouher est au *Moniteur* d'abord, mieux encore il est gravé dans la conscience. Non, devant ce luxe de déclarations aussi solennelles que fermes, il n'est pas permis d'ajouter foi à tout ce qui tend à engager ce steeple-chasse de la mauvaise foi, et suivant Mgr l'Évêque d'Orléans qui s'écriait ces jours-ci en parlant du salut de Rome: « Grâce à Dieu l'Empereur l'a voulu: il a senti la nécessité de faire voir au monde, malgré de lâches et odieuses manœuvres et d'odieuses menaces, ce qu'est, ce que peut la France, et qu'on ne le fait pas reculer. » Mais adopter les interprétations de la presse ennemie du Saint-Siége préjugeant que le gouvernement qui a combattu Garibaldi céderait à Menebrea et autres rusés spoliateurs, « non il n'est pas possible de faire au gouvernement d'un grand pays une aussi sanglante injure. »

Ce serait une politique qui n'aurait pas de nom; nous nous trompons, elle en aurait un qui faisait dire à un honnête et éloquent rédacteur de la *France*, M. Garcin:

« Les événements, les circonstances, ont placé entre nos mains le sort de la papauté; — nous ne parlons ici, on le connaît, qu'au point de vue des choses humaines.

« Eh bien! pouvons-nous l'abandonner lorsque sa

destinée dépend si visiblement de nous, et lorsqu'elle ne trouve qu'en nous, à l'heure actuelle, un appui sérieux et efficace? Pouvons-nous, comme le voudraient le *Siècle*, le *Journal des Débats*, l'*Opinion nationale*, d'accord en cela avec le *Journal de Saint-Pétersbourg*, pouvons-nous être les Lopez de la papauté? »

Non, ceci serait imposer à la nation chevaleresque entre toutes une de ces responsabilités qui infirment le présent, terrifient l'avenir et soumettent le peuple et le gouvernement qui la prendraient à une de ces expirations que la Providence et la logique des événements ne manquent jamais d'accomplir.

Garibaldi, lançant son anathème en prenant les hommes à témoin de son inique dessein, au moins a la franchise du crime : on sait à quoi s'en tenir avec lui. Mais vouloir mettre la main de la France protectrice dans celle du spoliateur marchant à son but, sous le masque de l'hypocrisie, à l'aide de mines secrètes, d'embuscades diplomatiques! oh! non. On ne saurait en admettre la secrète pensée, la possibilité. Le ciel et la terre s'écrouleraient qu'il faudrait garder cette foi, le précepte de Dieu et l'honneur de la France.

Pour sauver Rome, le Pape et les droits du catholicisme, pour maintenir sans tache la parole que nous avons maintes fois répétée, pour qu'aucune atteinte ne se renouvelle contre le vicaire J.-C. et les droits de la France liée au diadème temporel, une seule déclaration noble et précise suffit ; il faut dire aux Italiens, non en langage équivoque, mais avec cette voix qui ne permet pas les arguties : « Si nous quittons Rome ou les États de l'Église, une fois pour toutes, c'est bien entendu, vous n'y toucherez pas, vous n'y entrerez pas. Oh ! non, jamais, tant qu'il y aura une France jalouse de faire respecter le plus auguste et le plus sacré des droits. Ce n'est pas le patrimoine d'un État ; c'est celui du monde catholique : ne l'oubliez pas ; moins qu'à tous autres, à vous comblés de nos bienfaits, il vous appartient de vous approprier ce gage commun. Les siècles ont passé sans l'atteindre ; vous n'usurperez pas le centre de deux cents millions de catholiques remis à la garde du vicaire de J.-C. : non sous aucun prétexte.»

Cela vaut mieux que des discours à sensation pour des engagements pris par l'Italie envers la France, et par celle-ci *coram urbi et orbi*.

Rome, cette cliente, objet de tant de protestations, ne peut suivre la marche macabre qui a abouti au champ de Queratero pour cet autre allié, au souvenir duquel deux empereurs mêlaient naguère leurs mutuelles et douloureuses sympathies. Ainsi, ni directement, ni indirectement par toutes les lois du ciel et tous les devoirs, sentiments d'honneur qui importent à la France, elle dira halte-là au machiavélisme qui déjà a tenté le rapt. Où irait-on avec cela ? Un beau jour les hordes envahissantes du Saint-Siége pourraient se former ailleurs et partout : ce serait l'anarchie des convoitises et des passions les plus mauvaises livrant l'assaut aux gouvernements, aux patrimoines privés. M. le baron de Rothschild, le propriétaire d'une cabane seraient-ils donc plus à l'abri que le patrimoine de saint Pierre, ce droit sacré sous la garde de la majesté des siècles, de l'avenir essentiel du catholicisme escorté de deux cents millions de fidèles?

La conscience humaine a répandu par l'hymne en l'honneur de la papauté indestructible dans l'Église immortelle.

L'ITALIE.

A la veille des débats qui vont faire ruisseler la lumière sur cette politique ténébreuse qui rappelle les plus mauvaises trames du moyen âge, nous ne dirons qu'un mot sur les événements qui sont le prologue d'autres surprises. Un journal anglais disait au sujet des entreprises de Garibaldi et de la complicité qui l'avait favorisé, qu'elles ressortaient plus du roman que de l'histoire sérieuse. Mieux encore est-on autorisé à y voir une tragédie dont le premier acte Mentana devrait rester l'unique. Encore serait-ce trop, hélas! Ce gouvernement hybride qui s'ajuste un vêtement de toutes couleurs, où tantôt la liberté nie l'ordre ; où sous prétexte d'ordre il faut refouler la rue, se solidarisant dans la cause des chemises rouges ; où des ministres surgissent procédant par des programmes que démentent les actes, se balançant entre des concessions au mouvement révolutionnaire, au nom duquel ils faisaient une invasion militante, et la soumission aux *ultimatum* de la France ; tantôt c'est la banqueroute qui menace et se précipite par les moyens employés pour l'éviter ; enfin, c'est la confusion des systèmes les plus opposés, des audaces suivies de reculades plus étonnantes encore, de présomptions et d'inhabiletés inqualifiables. Il est temps pour cette nation d'aviser, non par la politique d'aventure et des fictions d'hommes d'État improvisés tels dans un tumulte, mais en quittant la voie fausse et violente pour celle pratique et honnête. L'unité italienne passe par des épreuves propres à donner des remords à ceux qui ont permis son élévation sur la ruine du système fédératif posé à Villafranca, stipulé à Zurich par la restitution des duchés, mais dont le machiavélisme italien a fait une lettre morte.

En tenant compte de ce qui se passe de l'autre côté des Alpes, on voit le peuple que nous avons fait éclore à l'indépendance se dresser non plus tel qu'un contrefort auxiliaire, mais comme un bastion ennemi. De cette grandeur inespérée on voit fatalement naître pour s'élargir un antagonisme s'inspirant de l'ingratitude plutôt que de la reconnaissance. Ce sont ces symptômes trop manifestes qui expliqueraient ces paroles attribuées à M. de Bismark par le *Journal de Bruxelles* : « J'ai eu pour aile droite l'Italie dans ma guerre contre l'Autriche ; au printemps, j'aurai pour aile gauche l'Italie dans ma guerre contre la France. »

Si cette version était vraie, tout commentaire serait superflu : il n'y aurait qu'à prononcer cette adjuration du patriotisme antique : *Caveant consules.*

L'ANGLETERRE

SA POLITIQUE ORIENTALE ET OCCIDENTALE.

De tous les hommes d'État de l'Angleterre, lord Palmerston est peut-être celui qui a fait de la conservation de l'empire ottoman un des points essentiels de la politique britannique. Nul plus que nous n'a rendu hommage à l'esprit de suite de ce gouvernement.

La guerre de Crimée, après le départ de nos armées, a laissé la prépondérance diplomatique de nos habiles alliés, dans ce divan où l'esprit de lord Stradford de Redcliffe semble survivre et planer pour ses successeurs; mais, dans ces frémissements qui annoncent le réveil de l'élément chrétien, l'école politique de Londres, qui jadis repoussait les Grecs comme rivaux et héritiers du Turc tenu pour inviolable dans son oppression; cette même école, aux mains de lord Stanley, semble aller à une autre manière de comprendre et de résoudre la question.

— En un mot, depuis que l'Autriche est exclue de l'Allemagne, il semble à des hommes considérables que l'entente dite impossible, entre la Russie et l'Angleterre, ait découvert des points où puisse se faire et se poser l'accord. — Tout se lie dans ces transformations amenées souvent par des surprises qui changent les relais en poursuivant le même but. Quand la France est satisfaite, le monde est tranquille, a dit éloquemment l'Empereur. — Le malaise général viendrait-il des émotions que notre pays confesse et que l'Europe observe et commente?

La diplomatie, si longtemps régulateur suprême des intérêts égoïstes reconnus à l'encontre des principes, pourra-t-elle désormais maintenir ses anciennes formules? Est-il besoin pour cela qu'elle écarte les sentiments d'humanité et les principes de nationalité servis par tout ce qui remue l'âme de la conscience publique? Dans ce soulèvement d'une race qui veut échapper à une oppression, à un joug qui la contaminent dans son essor, pourra-t-on, en face de la démocratie et de la religion se donnant la main, empêcher la famille chrétienne de reprendre la place appartenant à la supériorité de l'esprit et du nombre sur l'oppression et l'ignorance? Ceci est la destruction de la Turquie. — La voie suivie par l'Angleterre se rattachait à un autre milieu et ordre de faits. Tout semble indiquer aujourd'hui que c'est par d'autres moyens qu'elle poursuivra son but et sa fortune orientale.

Après avoir tracé les mobiles des puissances avec lesquelles il faut compter, nous compléterons cette revue en définissant le double but de l'Angleterre.

Sa politique extérieure a deux grands objectifs ! ils restent un dogme immuable pour elle au sein des grandes transformations que le temps, les circonstances amènent dans les traités, les alliances, les circonscriptions nouvelles.

Aux États qui s'agrandissent, correspondent les affaiblissements et disparitions de ceux qui sont vaincus, ou des faibles qui sont sacrifiés. On sait qu'en Orient préserver l'empire ottoman, ce fruit dégénéré de l'islamisme, et Constantinople avant tout, est une idée fixe, nous dirons plus, une nécessité de la politique anglaise et de la sûreté de son vaste empire des Indes. C'est son intérêt capital, le *to be or not to be* de sa domination orientale.

A l'Occident, l'objectif de la politique de la Grande-Bretagne, c'est que la France surtout ne vienne pas alarmer la vieille défiance britannique par une prépondérance trop grande au dehors, moins encore par l'accroissement de sa puissance territoriale aux dépens de la Belgique, cette sœur de l'Angleterre, comme le proclamaient naguère à l'envi lord Derby et M. Gladstone.

Ainsi, au résumé, il s'agit pour le cabinet de Londres, observateur attentif de l'Orient et de l'Occident, servi par une diplomatie forte par elle-même et la distinction de ses agents, de brider la Russie dans son essor oriental, rêvé par Pierre le Grand, et vainement poursuivi par Nicolas qui est mort à la peine ; il s'agit, sur un autre point du panorama du monde, de refréner la double action diplomatique et territoriale de la France aspirant à ses anciennes frontières.

Sous l'apparence d'une entente cordiale comme dans les vues opposées de la diplomatie, dans les combinaisons différentes et les tournois à armes courtoises, s'engageant, soit dans les conférences, soit dans les congrès entre les hommes d'État des deux pays, cette pensée, cette préoccupation, ne cessent d'être présentes aux chefs de la politique anglaise. C'est ce qui faisait dire à M. de Lamartine dans un discours qu'il prononça sous Louis-Philippe à une séance où se trouvait lord Palmerston : « L'Angleterre vous regarde. De loin ou de près, elle vous regarde en effet : elle observe, écoute, combine, fait ou change ses alliances, modifie, renouvelle ses moyens d'action pour un objet invariable. » — Que ce soit Canning en face de Chateaubriand, lord Abeerdeen en face de M. Guizot, lord Palmerston en face de M. Thiers, lord Clarendon en face de M. Drouin de Lhuys, ou lord Stanley en face de

M. de Moustier, pour eux, à l'horizon, il est une étoile fixe montrant le but que ne délaisse jamais la diplomatie de la Grande-Bretagne.

Ni la confraternité d'armes de Navarin ou de la Crimée, ni les liaisons de cours, ni les traités de commerce, ni la suppression des distances par les chemins de fer et la télégraphie qui s'empare des océans pour les rendre instruments dociles de la pensée et de ses communications aussi rapides que l'éclair, rien ne saurait lui faire oublier la question de l'ordre européen. — C'est inné et appris à la fois ; la nature et l'éducation l'ont gravé dans le cœur de tout Anglais.

Le sentiment chez nos voisins ne prévaut jamais sur la raison d'État.

Lord Derdy et son fils, lord Stanley, un de ces esprits éminents qui savent à fond l'Europe, qui ajoutent à la force du gouvernement l'autorité des relations et d'une situation princière (il relève l'éclat de la fortune par la science politique), ah ! ces grands stratégistes, dans la situation donnée, devaient instinctivement et politiquement former cette alliance que la France doit surveiller et qu'elle ne saurait voir avec indifférence. Car, comme si c'était une végétation naturelle du temps, on y rencontre la trible attraction de l'affinité religieuse par le protestantisme; de l'union dynastique par le mariage du prince royal Frédéric avec une fille de la reine Victoria; de la concordance politique, par les circonstances, les traditions, le but de l'Angleterre, sur des points communs, où la diplomatie de Saint-James saura trouver l'accord et poser la clef de voûte.

La règle de l'Angleterre dans la période politique qui vient de s'écouler sous lords Castereagh, Wellington, Aberdeen, Palmerston, Russell, reste-t-elle le dogme de l'avenir?

Le *Times* et des hommes considérables semblent envisager une autre perspective qui sauvegarde le but anglais par des moyens autres et des combinaisons différentes.

La Prusse est appelée à jouer un grand rôle dans cette métempsycose. Déjà on a vu nos voisins prendre position sur l'isthme de Suez à Aden. Les événements les trouvent rarement au dépouvu, leur télescope sait les découvrir de loin; aussi choisissent-ils à l'avance les positions, afin d'en profiter. Le grand point pour l'Angleterre est moins que le Turc continue à camper à Constantinople, comme un garde-barrière contre la Russie, que de ne pas être barrée dans sa route des Indes, par l'occupation d'une puissance pouvant user de ce poste formidable. Otez cette crainte, ce danger, alors la cité commerciale et l'aristocratie vigilante souscriront à une combinaison qui substituerait l'Évangile au Coran. Cette éventualité est une simple question de temps que des symptômes signalent à toutes les préoccupations de la perspicacité britannique. Car, comme le disait lord Palmerston à lord Normanby : « Il y a deux choses qui sont condamnées à être mangées : les huîtres fraîches et l'empire turc. »

Reste à savoir qui le mangera !

Pour l'Angleterre, ce ne peut être ni la Russie, ni la France. La Prusse n'a-t-elle pas un poids énorme à jeter dans la balance, soit des alliances ou traités diplomatiques, soit celui de ses armes et de ses nombrenx bataillons sur le champ de l'action ? Elle a inauguré une nouvelle phase dans la distribution des forces européennes : voilà ce qu'il faut envisager avec d'autant plus d'attention, qu'elle a des liens anglais, russes, italiens. Elle commande la position sur des points divers d'une grande importance.

Au résumé, le rôle de l'Angleterre dans l'attitude impassible de ses hommes d'État, gardant une réserve extrême, peut cependant s'interpréter. L'état actuel de la Turquie lui assure des avantages prépondérants, presque exclusifs. Le Sultan est devenu le client du *foreign office*. Comme le dit M. de Saint-Marc Girardin, aviez-vous quelque réclamation jadis, on avait affaire au turc, aujourd'hui on retrouve toujours le patron. — Rien ne saurait donc valoir le *statu quo* pour ce dernier.

Dans un nouvel aménagement il sait ce qu'il

perdra, sinon un monopole, au moins le gros lot ; il ne sait ce qu'il gagnera. Ainsi, tant que l'on pourra maintenir ce qui est l'intégrité, le plus possible, et Constantinople dans la main qui le possède, l'Angleterre y donnera son puissant concours, son appui sincère.

Inutile d'en répéter les motifs mille fois donnés et connus de tout le monde. MM. Thiers, Berryer, Lamartine, Guizot, duc de Broglie, Dufaure et tant d'autres, l'ont établi dans un langage et avec une autorité incomparables.

Mais les événements sont plus forts que les volontés les plus opiniâtres. La supériorité de l'homme d'État ne consiste pas à se raidir contre l'impossible ; mais bien a tirer le meilleur parti que comportent les circonstances : M. de Talleyrand de l'école anglaise, dont nous avons tracé le portrait, était un modèle du genre.

Ainsi dans l'état normal l'Angleterre fera tout pour maintenir la Turquie : là seulement, par rapport à ses Indes, à sa domination méditéranéenne, aussi secondairement dans le traité de commerce négocié par Cobden, se trouve la raison principale de ses bonnes relations et d'une alliance avec la France.

Quant à la question continentale, la Prusse, puissance du premier ordre et marchant à des destinées prodigieuses, fait bien mieux son affaire que l'ancien état de choses de 1815. Ce nouvel ordre simplifiant pour elle les combinaisons de sa politique, la surveillance et la balance de l'Europe. C'est ce qui faisait dire au *Daily news : C'est un bien pour l'indépendance de l'Europe que le travail de l'unité allemande soit dans des mains allemandes et dans des mains qui peuvent la défendre.*

Mais dans ce travail de destruction, dans ces ruines qu'accomplit le temps, et que dans la question d'Orient, en particulier, doivent précipiter les antagonismes de races les hommes d'État anglais surveillent les événements, se mettent en mesure pour l'occasion, et elle est peut-être prochaine.

Eh bien! l'avantage du cabinet de Saint-James, c'est d'avoir dans cette double question pour alliées nécessairement la France et l'Autriche, s'il reste adhérent à l'ancien système de lord Palmerston qui y a consacré les meilleurs efforts de sa sagacité diplomatique. Mais cette certitude incline et contraint la Russie d'offrir elle-même à l'Angleterre (comme Nicolas l'avait si bien senti) tout ce qui peut la désintéresser, bien plus, la satisfaire.

Certes, nous ne craignons pas la séduction tant que l'état des choses permettra à l'Angleterre de garder le *tout actuel.*

Mais enfin si le vent des difficultés, des orages, de l'imprévu, se levait impétueux, ne peut-on pas apercevoir pour l'Angleterre une autre issue, encore satisfaisante dont la Prusse, à laquelle se rattache tant de liens dynastiques, est comme l'intermédiaire sympathique et naturel.

Que Constantinople soit sauf, restant ce qu'il est, ou au besoin neutralisé; qu'il en soit de même pour la Hollande, cette première ligne de l'Angleterre, sur l'Escaut et le Zuyderzée et la mer du Nord, contre une menace à sa puissance.

Ces deux intérêts sauvegardés, l'aspect change, les combinaisons peuvent devenir différentes; tout devient possible, car se présente un accès à une bifurcation opposée à l'ancienne direction de la politique anglaise.

La supériorité des hommes a une grande influence sur les événements : il y a plus d'un chemin pour arriver à Rome.

Ce que nous laissons entrevoir en dehors des idées reçues semble un rêve; mais, qu'on ne l'oublie pas, « les utopies de la veille sont les réalités du lendemain. »

Nous avons entendu des hommes considérables de l'Angleterre unanimes dans leur préférence du maintien du *statu quo*. Néanmoins, envisageant la possibilité de sa chute, ils veulent laisser la route ouverte pour pratiquer une autre marche, tout en sauvegardant le but par des moyens auxiliaires, et des alliés différents.

Alors, la grande révolution continentale accomplie par l'unité germanique, sœur cadette de l'unité italienne, mais avec la constitution d'Hercule qui manque à l'aînée, n'aurait été que le prélude de la révolution la plus terrifiante en résultats que l'histoire ait eu à enregistrer. Il semblerait un jeu de fantaisiste de saisir le télescope pour cette éventualité qui répond cependant à un des aspects de la question et à des tendances qui se manifestent en Angleterre. Il est bon d'y appeler l'attention publique et la vigilance du gouvernement. La prévoyance politique est un levier d'une grande force quand il a pour point d'appui le génie. Machiavel a dit justement : « L'avenir peut apporter le bien comme le mal ; le mieux, c'est de ne pas s'y lier. »

LES SOUVERAINS A PARIS. — L'ÉTAT DE L'EUROPE.

Faut-il voir, dans le pèlerinage de presque tous les souverains à Paris, un hommage à l'Empereur des Français, constitué dans une sorte de préséance attractive pour ses illustres visiteurs? — Faut-il y puiser la confiance d'un gage de paix? Est-ce la curiosité qui a porté vers notre fastueuse capitale les têtes ceintes du diadème, à l'instar des simples mortels de toute condition? Ou bien la politique a-t-elle déterminé ce mouvement simultané en ouvrant l'espoir que ce n'est pas seulement un spectacle attrayant, mais qu'on peut en attendre de salutaires effets? — Tel est le cercle de questions où le public, les hommes sérieux et frivoles précipitaient à l'envi leurs conjectures. Des écrivains dans l'ordre officiel se sont trouvés comme toujours, quoi qu'il puisse arriver, et sans indications et confidences valables, pour déduire les conséquences les plus optimistes. Devait-on prendre à la lettre ces oracles des augures propices? Leurs flatteuses prédictions restent le mythe de l'avenir.

> Demain c'est la grande chose,
> De quoi demain sera-t-il fait :
> L'homme ici-bas sème la cause,
> Demain Dieu fait mûrir l'effet,

a dit Victor Hugo dans son ode sur la *Naissance du Roi de Rome*, que chacun sait par cœur.

A ce défilé d'un splendide faste sans parallèle dans l'histoire, a manqué uniquement la présence de notre alliée, si fêtée vers l'époque de l'expédition de Crimée, la reine d'Angleterre, de cette femme qui, au dire d'un journal anglais, considère comme le premier devoir d'une royauté nationale, dans le pays qu'elle gouverne, de rester nationale, et de n'en jamais dévier.

Ceci importe plus que l'éblouissement pour les yeux de la foule ébahie. De tout temps, dans l'ère ancienne et moderne, la séduction, l'ivresse des sens, n'ont pas été la glorification de l'âme, et n'ont pas remplacé les grandes conceptions et l'esprit de suite des Sully, Richelieu, Mazarin, Louvois, Chateaubriand. — Ce n'est pas avec des feux d'artifices, des banquets et fêtes, éclipsant tout ce que l'histoire nous a montré en ce genre, que M. de Bismark a rêvé, préparé et fait l'empire, où l'héritier des margraves de Brandebourg brise l'équilibre survivant à

Waterloo. Aujourd'hui que tout cet éclat s'est évanoui, que l'animation a cessé dans le soupir du dernier orchestre, faut-il espérer les développements du progrès, du bien-être, dans les garanties de la liberté et la paix de l'Europe ? Tel est le but à envisager, mieux encore à réaliser. — En attendant, nous n'apercevons de bien distincte que la persévérance de M. de Bismark dans l'inflexibilité de ses vues unitaires, et l'émulation de l'Europe à faire passer les fils du travail dans les casernes et les exercices de Mars. Grand contraste avec les hymnes de paix et les enthousiasmes confiants envers ceux qui tiennent dans leurs mains, tels, par exemple, que le czar et le futur empereur d'Allemagne, le sort de tant de millions d'hommes, la joie ou la douleur de tant de mères et d'épouses. Désormais, une luxuriante jeunesse et plusieurs générations engagées dans toutes les carrières des gymnases de la science, des ateliers de l'industrie, peut soudainement être appelée à une destination bien différente de cette pacifique entrée.

Puisse notre âge, s'inspirant plus de l'esprit évangélique qui sauve, que de celui de l'ambition qui tue, n'avoir pas à engager ses destinées sur l'échiquier des batailles ! Là se groupent et s'élancent les régiments, instruments mobiles de la mort, que fait mouvoir le génie d'un capitaine : l'enjeu, c'est l'empire, tel que celui d'Allemagne par la victoire, ou la ruine par la défaite, tel qu'en témoigne le sort de cet infortuné Maximilien.

Mais n'en déplaise aux panégyristes qui louent au hasard par une *grâce d'État* qui n'est pas de celles valant pour le ciel, à moins de vouloir borner son paradis à ce monde, n'en déplaise encore à tous les faux prophètes du mieux, faisant des événements les plus contraires l'objet du même hymne, les décorations ne sont pas tout, il y a le genie politique dont les combinaisons changent le cours des événements. Dans cet âge, lord Castelreagh, le prince de Talleyrand, MM. Camille de Cavour et de Bismark en témoignent. La Prusse s'arrêtera-t-elle à l'étape de la gigantesque enjambée qui lui donnait pour bornes les conventions du traité de Prague? Nous répétons ce qu'au début de l'entreprise nous acclamions sous le protet de l'incrédulité officielle et démocratique du *Siècle* et de *l'Opinion nationale*. Aujourd'hui l'empire germanique n'est plus une aspiration, il se dresse visible dans les mesures préparatoires de la fusion, il avance toujours. — Il se croit hors l'obligation de tous ménagements ; aussi ne craint-il plus de montrer son but à visage découvert. Puisse le dernier anneau de l'œuvre bismartienne, n'être pas celui funeste de la subordination de l'Autriche, rivée par l'impuissance de manière à rendre inutile la loyauté de son souverain et l'esprit de généreuse réforme de son premier ministre. Si cette désagréable surprise allait s'ajouter aux autres, ce qu'a Dieu ne plaise et ce que repoussent l'attitude à Paris de François-Joseph, et l'esprit de M. de Beust, ce serait la chute dans le torrent de la dernière planche, qui reste du vieil équilibre européen, auquel la France avait tant d'intérêt.

Rien ne saurait lui être plus malencontreux dans l'état de décomposition des alliances, et des aménagements qui montrent déjà la main du czar scellée dans celle du futur dominateur de toute la Germanie. Rien ne saurait être plus contraire aux intérêts de notre influence et des garanties nationales, à ceux du catholicisme, à ceux de la liberté. Ce serait à amener de la part de l'Angleterre vigilante et que le torysme rattacherait aux combinaisons à lui plus spécialement réservées, ce serait amener de la part de l'Autriche qui ne résisterait pas à cette dernière déception, des résolutions devant lesquelles le patriotisme doit pousser le cri d'alerte. — L'Autriche chassée tout à fait de l'Italie, de l'Allemagne, cernée et barricadée vers l'Orient, se souvenant d'un passé évanoui pour trembler devant un terrible et prochain avenir, voudrait y échapper à tout prix. — Alors en ne voyant à l'horizon que périls et point d'amis, encore moins d'appuis, de même que les États, ses satellites jadis, se sont livrés à la Prusse, on verrait leur suzerain, leur protecteur refoulé par Sadowa, mais recevant une blessure plus dangereuse encore du laisser-passer qui serait donné par la France à la rivale dont elle était le frein; on verrait, disons-nous, M. de Bismark, qui déjà a montré tant d'habile résolution, couronner son œuvre par la plus foudroyante des combinaisons.

Pendant qu'il en est temps encore, on ne saurait le crier trop haut, le monde serait à la discrétion des deux colosses du nord : alors l'Autriche, bon gré, mal gré, serait annulée dans leur cortége. Sa docile humilité serait sa rançon pour une couronne à maintenir comme un hochet sans pouvoir. L'Angleterre, on voit bien où elle tend. Aden et Perim occupés disent assez ce qu'elle prendrait dans cette refonte du monde pour ne pas être forclose. Nous n'avons pas à nous inquiéter d'elle. Mais nous, quel sera notre lot? Sur notre frontière de l'est, sur la neutralisation de la Belgique prolongée par celle du Luxembourg et se reliant à la Suisse sous la même loi, il y a cette borne désormais sous la garde de l'Europe fermant la dernière issue; c'est-à-dire la neutralisation du Luxembourg, œuvre de la conférence de Londres. De l'Orient qui croule, nous sommes territorialement coupés par la Prusse et la Russie. Elles forment une barrière redoutable, peut-être infranchissable aujourd'hui, au génie du plus grand capitaine, telle qu'elle se présente et s'appuie sur ces deux gouvernements militaires. — Maritimement, nous sommes fermés par la puissance anglaise qui, dominant la Méditerranée par Gibraltar et Malte, a posé des sentinelles gardiennes des portes du vaste Océan, suivant l'expression caractéristique de M. Villemain. — On le voit, il n'a fait que s'étendre en se serrant autour de nous, ce filet à mailles étroites formées des disjonctions qui laissaient de larges ouvertures à l'action française par les traités de 1815. —Quelles luttes léguerait à l'avenir ce que nous voulons croire impossible, l'accord de l'Autriche avec la Prusse ! Il n'est pas dans notre cadre d'envisager une telle éventualité. Il suffit d'invoquer la vigilance patriotique de ceux qui ont l'honneur, mais aussi la responsabilité de la politique extérieure. — Involontairement, nous sommes rappelés aux moyens et but professés par M. Drouin de Lhuys.

Cet homme modéré, dévoué à l'empire, mais gardant le droit de ses appréciations, au prix de l'abandon du pouvoir, n'a-t-il pas craint en y restant de n'être plus dans le rôle et la mission qu'il avait acceptés ? — Sans doute que, plus aux intérêts traditionnels de la France qu'aux satisfactions de la Prusse, il a cru devoir reculer devant l'évolution que M. de Moustier a cru conduire à bien, puisqu'il l'a entreprise à l'encontre des souvenirs et tendances de la France. Reste à savoir si la raideur, qui déjà a disputé l'annexion du Luxembourg, s'amendera sous le charme des enchantements de Paris. Pour nous, il est des signes qui nous laissent incrédule sur la conversion en notre faveur de l'homme qui a poussé le refus jusqu'à la limite d'une guerre répudiée par l'Europe. Tant que des gages au lieu de sourires ou de vaines perspectives n'auront pas reçu la sanction de faits et de preuves probables, nous tiendrons M. de Bismark comme l'expression de cette politique absorbante et insatiable, quant à lui; mais de fin de non-recevoir pour nous laisser parqués dans les limites de l'est, du nord, que nous ont mesurées les traités de 1815 rachetés alors par la division de la géographie de l'Allemagne.

Le monde offre un de ces aspects lugubres qui se caractérisait par cet avœu des *points noirs* dans un célèbre discours. En effet, il y a une anxiété, un malaise, un trouble universel dans les esprits comme dans les affaires. Si on jette un regard attentif, si on dirige le télescope de l'observation non sur les constellations des astres, mais sur les points divers de la planète terrestre, à l'Orient, à l'Ouest, au Nord, au Midi, on n'aperçoit que gouvernement et peuples entre l'alternative de l'inquiétude ou de la crainte; il en est de même en Amérique, en Orient, en Grèce, en Crète, dans l'empire ottoman; en Europe, en Italie, en Espagne. Mais pour nous occuper plus spécialement de la France, s'il est vrai que les idées, les principes d'un gouvernement sont les fabriques, les manufactures des événements qui leur empruntent leur origine et leur esprit, jamais la logique n'a été plus désorientée. Des opinions contradictoires, l'anarchie des points de vue les plus opposés épousés et divorcés tour à tour, de soudains changements comme les tableaux d'une lanterne magique, l'inconstance des vues, des volontés dans l'absence de principes définis et distincts, ont fait ce chaos moral et intellectuel qui passe dans l'ordre des applications. Sans nul doute, quand on revient aux points les plus saillants de la politique étrangère tels que l'Italie, le Mexique et l'Allemagne, on est bientôt perdu dans un tel labyrinthe qu'on ne sait plus à quels souvenirs, à quels échos demander la route nationale, nous ne dirons pas du triomphe, mais simplement de la sécurité. L'Italie qu'on avait voulu fédéraliste, échappant aux vues équitables de son libérateur à Solférino, étonne par la grandeur de son ingratitude, le manque de foi, ses désordres anarchiques et financiers, tout est en proie.

Le Mexique a laissé à notre histoire cette page lugubre et sanglante, retracée pour l'histoire par M. Thiers. Son beau discours qui a fixé l'opinion frémissante est comme un drame émouvant : on y voit succéder dans un défilé lugubre les projets, les illusions, les faits contradictoires formant ces scènes pleines de chaos et de ruines où se dénouent les programmes, où s'abiment les rèves brillants sur le champ de supplice de Queretaro. Là est tombée fusillée l'entreprise dans le sang de ce monarque le client qu'avait couronné le choix le l'empereur Napoléon III, sous l'escorte et la protection des flottes, de l'armée, et du trésor français.

Pour revenir a l'Europe par rapport à laquelle le Mexique n'est qu'un épisodelugubre qui se lie désormais à l'histoire de la France, ce qui fait la gravité de la situation, c'est que l'ancieu ordre européen a été anéanti sans qu'un nouveau se soit élevé à sa place. L'Allemagne, telle qu'elle était constituée par le congrès de Vienne, ne pouvait faire échec à la grande unité française. La destruction de cette confédération de 38 parties, en brisant le vrai lien et le centre de tout le système, a ouvert un vaste et accessible champ à l'ambition‘ à la cupidité, à l'ambition d'un seul et inévitable maître, la Prusse. Ainsi s'est évanoui le respect pour le droit public de l'Europe, qui avait été maintenu durant un demi-siècle, nonobstant les révolutions. Vainement on parle de congrès; qu'ont-ils à faire au sein de l'antagonisme de tant de desseins particuliers, là où les traités les plus solennels ont failli? Qu'importe les congrès d'apparat fastueux, mais vaine démonstration, dès lors que les forts ne se croient pas liés par leurs décisions ? Dès le moment qu'il est établi que l'autorité des traités et l'observance des communes obligations n'ont plus de sanction, les congrès sont un vain mot, c'est le rêve d'une belle âme, mais pour ne pas le profaner il suffit qu'elle se rende compte des réalités et des obstacles qui frustrent les plus belles théories.

Sans nul doute l'œuvre du congrès de Vienne laissait beaucoup à désirer, mais si l'on veut bien considérer que, de 1792 à 1815, la force seule avait disposé des gouvernements comme des domaines abusifs, et des peuples comme des troupeaux, on reconnaîtra que l'idée qui y avait présidé était à l'avantage de la France, et que le monde lui doit la longue période de paix dont il a joui.

Dans cette communauté d'entente, de bonne foi à constituer, à reconnaître, à pratiquer une loi publique, on pouvait assurer la paix commune avec la liberté pour chaque Etat séparé de se gouverner à sa guise. Elles trouvaient leur garantie dans cette grande variété de formes de gouvernement assorties au génie comme aux inclinations des divers Etats. Aujourd'hui c'est bien différent, mais ce qui est le plus à regretter, c'est qu'aucune action d'ensemble, aucune alliance générale ne sont plus possibles; les traités ont perdu tout ce qui les rendait valables, on ne les observe plus, et ils n'ont plus de champions, c'est-à-dire que, matériellement ruinés, ils sont moralement abandonnés.

Supposons que l'idéalité vague des congrès dont certaines familles projettent à l'horizon la perspective fantastique puisse se transformer en fait. C'est une hypothèse à laquelle laissent peu de chance l'état de l'Europe et les mobiles secrets qui persistent en dépit des enseignes et des voiles. Mais admettons-la. — Bien, voilà des hommes fort distingués, groupés autour d'un tapis vert ; mais où est l'esprit qui formera le lien, quel est le centre commun des principes et des buts où pourraient se rallier tant d'antagonismes, de souvenirs qui séparent? Pour prendre un exemple ; la Prusse veut-elle, peut-elle s'arrêter dans l'absorption de l'Allemagne? De même la Russie dans sa double expansion et propagande slaviste et *orthodoxe?* — Et nous, en face de ces arrogances de faits et de buts confessés, pouvons-nous rester inertes dans la non-intervention où nous parque l'active ambition, qui nous renvoie au rôle passif? Cependant l'accepter c'est le désistement de la grande nation n'ayant plus rien à voir dans le juste et l'injuste en ce qui se passerait hors sa frontière, si ce n'est dans le territoire papal : encore les Italiens ont-ils la prétention de nous en écarter : mais cettre outrecuidance ne compte pas quant à présent. Ah! si nos pères se fussent croisé les bras, laissant faire leurs rivaux, que seraient l'histoire et la carte de la France? Aurions nous chassé l'Anglais par l'épée de du Guesclin? Aurions-nous arrêté l'essor de la maison d'Autriche par le génie politique de Sully, celui militaire des Condé, Turenne, Luxembourg, Villars? Aurions-nous inscrit tant de victoires aux tables de l'Arc de Triomphe, dans l'ivresse de ces souvenirs dont l'Empereur actuel a été l'acclamation ? Il faut en finir avec les illusions. La chute de la Confédération, la mise en pièces des traités de Vienne, dont il ne reste d'autre vestige que les restrictions territoriales pour la France, la cupide ambition de l'Italie acharnée à la prise de Rome, aggravent le défi que la Prusse continue et pousse non par les moyens occultes de la faible Italie, mais à visage découvert en invoquant le droit de la force.

Le tour est joué : le roi de Prusse a en main le sceptre de l'Allemagne, et, maître du pouvoir de tout ce grand pays, il prend la place prépondérante au centre de l'Europe occidentale, et s'assure le titre prochain le mieux attaché d'empereur pour régner au cœur du monde civilisé. C'est la plus grande révolution qui pût s'accomplir en Europe. Qu'était l'ancien Saint-Empire divisé à l'infini en face de cette unité qui, dépossédant les autonomies, ne laisse leurs rois et chefs qu'à l'état de préfets, exécuteurs, lieutenants du grand monarque, le roi de Prusse ?

Que peut faire le congrès devant une telle situation ? Peut-il arracher un lambeau, une abdication partielle à l'opiniâtreté du vieux Guillaume et à la résolution de son ministre ? Il serait naïf d'y compter. — Devant cette inflexibilité qu'aurait à voir le congrès? Une seule alternative nous resterait : elle serait triste, puisqu'elle nous réduirait à reconnaître comme loi de l'Europe les appropriations de tant de territoires, et comme dûment fait l'abandon des droits livrés à la Prusse? Non, ceci n'est pas possible. La France, avec des promesses telles que celles de Biaritz, ne saurait rentrer dans le défilé germanique qui a enrôlé ou surpris bien des princes et États jaloux de l'éviter, mais qui, après avoir mis leur main dans celle de M. de Bismark, n'ont pu la retirer, et ont été précipités malgré eux.—Le noble aveugle de Hanovre, lui au moins, a maintenu intact son droit, rappelant ces vers d'Horace :

Justum ac tenacem
Propositi virum
Fractus illabatur orbis,
Impavidum ferient ruinæ.

L'Autriche, rejetée hors l'Allemagne, se compose d'un amalgame de nationalités où figurent huit millions d'âmes de race germanique, que la Prusse garde la pensée secrète de lui ravir; elle a 12 millions d'habitants en Hongrie, rendus à eux-mêmes par les mesures réparatrices de M. de Beust, sur lesquels on compte seulement 2 millions deux cent soixante-deux mille Magyars ou races afférentes.

Le jour de la justice est venu pour ce pays qui portait au cœur le souvenir des rigueurs à jamais regrettables du prince de Schwartzemberg, soldat égaré dans le champ de la politique, qui, par son énergique ignorance, a préparé cette réaction libérale qui triomphe aujourd'hui. Plusieurs mots de lui, fatals à son pays, sont restés, tels que celui où il parlait d'étonner la Russie par la grandeur de son ingratitude. — Alexandre II s'en est souvenu.

Parmi les Hongrois de grand air, qui entouraient l'empereur d'Autriche à la plus belle revue qu'aient vue les Parisiens, se distinguait le baron Joseph éôtvos, au premier rang des politiques de son pays, écrivain aussi, et qui, après avoir rêvé une diète dans la forme du parlement anglais, a le bonheur de voir son idée accomplie.

M. Deak, qui a conçu la liberté nationale contre le système de centralisation absolue de M. Schmerling, centralisation qui n'était qu'une violence faite aux franchises locales, à la fierté aristocratique, peut espérer de bons résultats du système fédéral largement pratiqué. Bouclier contre la propagande panslaviste qui fermente, la tradition est aussi l'âme du patriotisme et la sauvegarde de la liberté.

Les sympathies que vient de manifester l'empereur d'Autriche pour la France, son discours plus accentué en rentrant à Vienne, où il exprime l'espoir de la réoccupation, pour son pays, de la position qui lui est due, ne peuvent s'appliquer ni à l'Italie, ni à l'Allemagne. — Les raisons n'ont pas besoin d'être déduites. Mais, dans l'extrémité où a été placée l'Autriche, celle-ci peut apercevoir, à travers les complications et péripéties inévitables de la question d'Orient, un lot de compensation : en s'étendant le long du Danube, elle ajouterait à l'empire d'Autriche agrandi, dont Pesth serait le centre, la Romanie, la Bulgarie, la Bosnie. La France et l'Angleterre, si elles restent au même point de vue, et maintiennent une alliance désirable, ne pourraient que souscrire à ce nouvel aménagement. L'Autriche deviendrait ainsi la vedette des deux grandes puissances occidentales, et l'avant-garde de la triple alliance armée pour contenir la Russie (1).

Telle semble la solution logique de beaucoup de difficultés de l'Europe centrale, alors toutefois que s'écroulera, au choc des races frémissantes, l'empire ottoman, ce client qu'a maintenu la politique anglaise. La mort *de l'homme* malade viendrait ouvrir cette terrible liquidation. Les mesures poursuivies par M. de Beust à l'intérieur, ses désirs de rapprochement envers la France, sa tolérance, ses égards pour la race polonaise, son voyage de Londres pour aller conférer avec les chefs du cabinet anglais, tout montre que le nouveau chancelier de l'empire voit son salut dans le concert avec la France. C'est le courant actuel. En dehors de lui, il n'y a qu'à re-

(1) Ceci est indiqué, mais dans l'état actuel de l'Europe où les principes ayant perdu leur empire ont fait place aux vues personnelles, que de surprises et de combinaisons anormales doivent s'en suivre.

monter en amont dans l'effacement devant la politique envahissante de la Russie, et le laisser passer à toutes les audaces de M. de Bismark. Nonobstant ses efforts et la loyauté du libéralisme chevaleresque du jeune souverain, objet des prédilections et des vœux de la France, au sein de ces races qu'excitent l'ambition de la politique, le fanatisme, ils ont une glorieuse, mais rude tache à suivre. Le métier de roi et de ministre pour le bien remplir n'est pas une sinécure aux doux loisirs.

On ne saurait trop encourager, aider les aspirations et les mesures du libéralisme réparateur de M. de Beust. Si c'est pour le pays qu'il dirige une question de vie ou de mort, son succès importe à la sécurité de la France, qui n'a plus que cette seule planche dans le naufrage de l'équilibre européen et le maintien de l'alliance anglaise. Ceux qui ont voulu grandir la Prusse, tels que M. Guéroult et tant d'autres politiques à passions plus qu'à larges vues, peuvent en apprécier aujourd'hui les déplorables conséquences. L'Allemagne méridionale est donc livrée au triomphateur. Que de beaux raisonnements pour prouver l'impossibilité de ce qui est un fait ! Il nous faut être témoin impassible de ce terrifiant spectacle. — Puisse M. de Beust ne pas faillir dans l'œuvre qu'il entreprend par la liberté dans la fédération substituée à l'absorption centralisatrice de M. de Schmerling. Car alors, M. de Bismark, qui suit la route opposée, après avoir dévoré l'Allemagne, ne serait-il pas fatalement amené à réclamer à l'Autriche huit millions d'Allemands, ou à tourner du côté de la Hollande ou des puissances scandinaves son ambition maritime qui a la fureur de la jeunesse, peut-être même, à l'occasion, à diriger à l'encontre de la France l'immense appétit de la maison de Hohenzellern ? Cette situation, nous l'avons signalée au début en termes qui n'étaient pas équivoques. Mais le passé n'a de valeur que pour apprendre à éviter les écueils de l'avenir. Car on a tout à redouter d'un homme tel que M. de Bismark, pouvant prendre pour objectif, soit au sujet d'une question de principe ou d'ambition, la France, alors que des affinités de races non moins caractéristiques qu'au Danemark ne lui manqueraient pas pour entraîner le fanatisme du sentiment germanique. Où la Prusse arrêtera-t-elle les conséquences du système des nationalités, des frontières naturelles? Ceci nous importe essenlement. C'est ce qui nous faisait écrire, à la suite de Sadowa, ces pronostics que le temps devait si vite réaliser.

Il nous fut donné de définir l'influence que doit exercer cette unification germanique.—Il s'agissait, en effet par anticipation, de se rendre compte des nécessités qu'elle créerait, — des modifications qu'elle devait apporter dans l'équilibre des forces européennes, — du nouveau cours qu'elle tracerait à notre politique extérieure, — enfin de peser dans la balance de l'avenir ce qui devait se rencontrer pour nous de facilités ou d'obstacles, d'auxiliaires pour nous seconder ou pour se mettre à l'encontre de nos aspirations nationales. — Telle est la tâche que nous entreprîmes.

Aujourd'hui, le système d'équilibre, d'aménagement, de neutralisation, de forces, qu'avaient établi les combinaisons habiles de la politique, est par terre : il s'agit de procéder à nouveau, en un mot, de se mettre à l'œuvre, alors que la Prusse se dépêche, marche à son but à pas de géant. Car, enfin, c'est d'abord toute l'Allemagne passant à la Prusse, contrairement à l'esprit du traité de Prague. Néanmoins c'est en vertu de cette fragile garantie que les organes officiels de France affirmaient que la modération du cabinet de Berlin avait renoncé à toutes prétentions sur l'Allemagne du Sud, et avait accepté la limite à sa puissance dans la ligne du Mein. Plus tard, dans sa fameuse circulaire, M. de Bismark, sans contester directement l'interprétation française, l'écartait sous l'ingénieux prétexte que cette question était purement et simplement une affaire domestique allemande, et il osait affirmer que les désaveux de la France et de l'Autriche lui donnaient d'autant plus de satisfaction que, si celles-ci tentaient de se mêler aux affaires de l'Allemagne, les

Allemands seraient très-peu disposés à souffrir cette ingérence.

Aussi la Prusse gouverne ou domine le vaste territoire jadis divisé entre tant de souverainetés qui s'étend des frontières de la France à celles de la Russie.

Au Nord-Ouest, il y a une Hollande qui, dans son inquiétude, un beau jour crut devoir s'assurer la solidarité d'un puissant protecteur, en remettant le Luxembourg aux mains de l'empereur Napoléon, on sait ce qu'il en est advenu.

La prise de possession des duchés de l'Elbe est un échec pour l'avenir des États scandinaves et une étape de l'ambition maritime qui envie encore en secret les clefs de la Baltique.

Enfin, à la suite du nouvel empire germanique se dresse la Russie dans sa colossale forme. Faut-il voir l'antagonisme entre ces deux empires? On ne sait ce que l'avenir peut apporter, le temps change tout, comme disait Byron ; mais les hommes d'État qui ont à pourvoir au présent, au mieux de leur force et de leur lumière, devront être frappés de certains symptômes :

C'est l'établissement d'un Hohenzollern dans les Principautés, avec l'assentiment de la Russie ;

Ce sont les mouvements des populations grecques ;

C'est toute la politique du cabinet de Saint-Pétersbourg dont la consistance manifeste un esprit de suite qui ne se contredit et ne se dément jamais, ni ne s'écarte de son but;

C'est la dernière circulaire du prince Gortschakoff qui n'est si confiant et si net dans sa signification à la Turquie que parce qu'il compte sur le voisin.

Cette agitation qui fait fermenter, en Orient, l'esprit grec, c'est un avertissement, car une pareille effervescence sur une aussi grande étendue, au milieu de la gravité des conjonctures, c'est un présage.

Pour ceux qui suivent d'un œil attentif les affaires de l'Orient, il y a en ce moment une recrudescence de bruits précurseurs des agitations. Des ultimatum hautains, des défis sans parler de celui permanent au regard de la Russie, se lient à tous ces frémissements populaires, politiques. Hommes jaloux du repos, vous pouvez reconnaître à bien des signes divers que l'heure n'en est pas venue! — Mais celle de la vigilance éternelle oblige absolument en ce temps-ci. Puis, s'il est vrai qu'un homme averti en vaut deux, nous devons valoir beaucoup plus, nous, après les expériences venues du Mexique, de l'Italie et de l'Allemagne. Gouverner, c'est l'action continue. Que de facultés et d'abnégation exige ce grand mais épuisant honneur! Il oblige de se dévouer corps et âme, mais il donne la gloire à qui en réunit et exerce les attributs. Au sein d'une pareille complexité d'intérêts et de buts, ceux qui ont prononcé, favorisé la condamnation de l'ancien monde, de la vieille Europe, ont contracté par cela même l'impérieuse obligation de travailler à l'éclosion du second et à l'aménagement qui sauvegarde l'intérêt national dans ce concours d'ambitions qui ne font que grandir. Le moyen de croupir dans le *satisfecit* du repos, ou d'aller de rêve en rêve s'effaçant successivement, alors, que chacun s'apprête. Au lieu des discours des feuilles éphémères, c'est le moment des faits qui burinent une pensée et grandissent un peuple.

Dans la phase qui va s'ouvrir, quoi qu'on fasse, c'est en étant en mesure de reprendre le patronage séculaire du sentiment catholique, de la civilisation par la liberté que nous pouvons transporter à l'actif du présent cet hommage rendu à nos héroïques pères : « *Gallos quoque in bellis floruisse audimus.* »

LE COURONNEMENT DE L'ŒUVRE DE M. DE BISMARK.

Lorsqu'il y a dix-sept mois, aussitôt après la bataille de Sadowa, sous l'émotion de ce que nous avions vu en Allemagne et de confidences qui écartaient les voiles, nous disions : « Si l'on n'y prend garde, M. de Bismark est en train d'accomplir l'œuvre le plus colossal du temps. Son habileté exploitant la victoire va annuler l'œuvre séculaire de la France, cimentée par tant de luttes où l'épée du héros et la plume du diplomate ont eu successivement un utile rôle. — Les traités de Vienne même étaient sous ce rapport une égide de la Providence posée par la main de M. de Talleyrand ; si les Etats du Sud ne sentent plus, derrière eux, le souffle, la volonté, l'appui de la France, ils vont tous à la forte et audacieuse ambition qui les convoite ; les uns s'y précipiteront d'eux-mêmes, les autres y seront enrôlés par contrainte. On a tout à redouter du génie sombre, mais opiniâtre de M. de Bismark. On connaîtra un jour la grandeur du mal, mais trop tard pour y remédier. »

Les dates parlent ; ceci était imprimé au 14 août 1866, grâce à l'hospitalité que voulut bien accorder à ces idées M. de Riancey, un des hommes qui ont revendiqué, avec un courage égal au talent, le maintien des garanties séculaires que la politique de la vieille royauté savait obtenir même après le naufrage de Waterloo.

Grand contraste avec les faits présents qui bouleversent tout ce qui a passionné, dirigé notre génération qui sentait l'âme de la France vibrer en elle aux accents de Chateaubriand et des politiques de cette race, hélas ! disparue.

Sur la route parcourue depuis l'avertissement patriotique de M. Thiers, le 3 mai 1866, les vues, les espérances se sont succédé dans cette rapide descente de tous les degrés de l'illusion, jusques à la dernière limite prenant aujourd'hui date de Paris, pour la sécurité de l'œuvre de M. de Bismark.

Lui seul n'a pas varié dans son but, ni dévié dans sa marche pour y arriver. Tel il avait agi pour l'Italie, avant la guerre, en août 1886, à l'égard des traités secrets ; tel il se montrait la veille de son départ de Berlin pour Paris, dans ses arrangements avec les États du Sud pour le nouveau Zollverein, et le lendemain de son retour où le souvenir de l'hospitalité impériale ne semble que le rendre plus ardent à triompher des obstacles que lui suscitait la Bavière.

Enfin sont venues ses pressions, notifications, revendications, interprétations du droit public à la prussienne, sans la dérision du recours aux syndics de la couronne, les circulaires hautaines se précipitant telles que le *flot incessamment suivi d'un autre flot*. Le moyen d'imaginer que ces procédés-là, qui devaient franchir le Mein pour aboutir à Kiell, auraient pour cimier triomphant cet exergue impérial :

« Il faut *accepter* franchement les changements survenus de l'autre côté du Rhin, *proclamer* que, tant que nos intérêts et notre dignité ne sont pas menacés, nous ne nous mêlerons pas des transformations qui s'opèrent par le vœu des populations. »

Quel succès, d'autant plus flatteur que c'est sur les bords de la Seine que M. de Bismark craignait de rencontrer les plus périlleuses difficultés à son essor sur le Rhin ! De ce côté, en effet, se portait son inquiétude à l'égard de ses procédés d'annexion de par le droit de l'ambition, de la force, sans même le faux semblant d'un suffrage universel éclairé par les hulans prussiens. Deux fois biographe de cet homme d'Etat, non pour brûler l'encens devant ce favori du destin qui n'est autre que le génie de l'homme, mais pour signaler les déconvenues qu'il réservait, pouvions-nous présumer à cet excès de sa fortune !

A la prépondérance d'un si prodigieux succès, dans les conditions où est l'Europe, il ne reste désormais d'autre garantie que la sagesse de la propre modération de ce puissant adversaire. Si ce n'est lui-même, peut-on s'écrier aujourd'hui, qui peut la lui imposer? Aujourd'hui M. de Bismark est bien vraiment l'homme du siècle, et l'empire d'Allemagne est son œuvre. Elle contient tous les orages de l'avenir. — Il y a ceux que rend inévitables l'absence d'équilibre, de balance, de frein (1) à l'encontre de cette grande et vigoureuse puissance. — Il faut ajouter ceux qui, dans le soulèvement volcanique des passions et des ambitions humaines, éclatent comme des surprises, contre lesquelles le meilleur paratonnerre est encore l'équilibre, n'en déplaise aux novateurs.

Désormais l'œil vigilant du politique, du Souverain chargé de nos destinées, devra diriger sur Berlin son meilleur télescope, et être servi par une diplomatie sagace. Rien de ce qui viendra de là ne pourra plus laisser impassible. Aux signes qui se manifestent, aux empressements qui se précipitent à l'attraction du succès pour favoriser ses desseins, il semblerait que la Prusse soit devenue tout à coup le grand levier de la puissance militaire et politique de l'Europe. Dieu veuille qu'elle trouve dans le sentiment qu'elle a, et accuse de sa force la limite qu'on n'a pas cru devoir lui imposer dans

(1) La vertu elle-même a besoin de règle, a dit un des génies de l'esprit humain.

des circonstances et au jour où l'aspirant d'alors, aujourd'hui futur empereur de l'Allemagne, ne pouvait ni méconnaître la voix de la France ni écarter son geste.

La démarche de son ministre solliciteur égaré à Biarritz le constate assez.

Ce qui est fait est fait; il était facile de l'empêcher, mais le défaire est autre chose. La France en s'écartant du chemin, où l'ambition de M. de Bismark résolu d'aller jusqu'au bout, n'admet ni ingérence, ni contest, peut rasséréner son présent : encore est-ce un problème. Mais son avenir en face d'une puissance telle que l'Allemagne, n'a-t-il pas un gros point noir ? Henri IV, Richelieu, Louis XIV, Napoléon, la restauration, la dynastie d'Orléans, n'ont-ils pas lutté, agi constamment pour en rédimer leur responsabilité comme l'avenir de leur pays ? Quelle révolution s'est donc accomplie pour que nous soyons réduits à assister, témoins émus, mais impuissants, à une violation qui renverse les solennelles et nécessaires garanties maintenues constamment *vi et armis ?*

Qu'en sortira-t-il? C'est le secret de Dieu...

Que cette prière remonte à lui : *qu'il protége la France :*

Elle qui naguère encore a pu combattre et vaincre pour l'Église, cette épouse du Très-Haut; *elle* qui justifiera toujours son glorieux titre *de fille aînée*, de cette immortelle Église de Rome. Noms trop étroitement liés dans le passé dans la cause de Dieu, l'honneur du monde, pour se séparer jamais! Une fille n'abandonne pas sa mère. Un peuple ne se jette pas sur les excitations maladives des iconoclastes modernes, hors la voie de ses pères, de sa mission historique et nationale, des bénédictions, précieux trésor accumulé du ciel et de la terre : ces sacrifices que la conscience, le devoir, les lois divines et humaines interdiraient de faire aux êtres les plus chers, pour tous les biens et les honneurs de la terre, eh bien! pour le bon plaisir et les convenances des coryphées de l'impiété, des organisateurs de la souscription voltairienne, ces sacrifices iraient jusqu'à servir de complice aux trames des descendants de Machiavel. Pour les convenances de cette faction bruyante, au fond du cœur de laquelle l'ingratitude a fermenté au lieu de la reconnaissance, n'abdiquons pas au moins le glorieux bouclier qui a sauvé la papauté à Mentana. Celui-là est plus sûr pour nous glorifier dans ce monde et nous assurer une protection bien nécessaire et la plus puissante, celle de Dieu, que ce qu'il nous faut attendre de M. de Bismark.

LA PAROLE IMPÉRIALE.

L'OUVERTURE DES CHAMBRES DU 18 NOVEMBRE.

L'exposé de l'Empereur nous arrive au moment où nous accomplissions un dernier devoir envers le public, ce grand Parlement des foules auquel, à notre époque démocratique, le plus puissant Souverain soumet sa pensée, de même que le plus modeste publiciste. Ce privilége est nôtre aujourd'hui, usons-en avec une respectueuse mais noble liberté. Beaucoup s'imaginent pouvoir surprendre sur les lèvres du chef de l'État, la solution des questions à l'ordre du jour. L'éclair de la parole impériale évanoui, l'obscurité revient, et le sphinx de l'avenir se dresse aussi impénétrable à la brume des desseins cachés, et de la complexité des événements. C'est qu'il n'est pas donné à tout homme, au plus beau discours, il n'est pas donné à la voix la plus puissante de dissiper le nuage que recèle une situation, en un mot d'écarter le grain noir caché au sein de l'azur des plus pacifiques programmes.

Que n'a-t-il pas été dit sur ces ouvertures solennelles, et ailleurs, sur le Mexique, l'Allemagne, l'Italie? Plusieurs journaux ont mis en regard par ordre de dates, ces textes qui sont comme les alluvions successives servant à marquer pour l'historien les changements de la volonté sous l'enfouissement de forces et d'intérêts, qu'elle ne peut pas toujours maîtriser. Mais là où les moyens, les facultés ne manquent pas à cette volonté souveraine ou nationale, elle a le devoir d'arriver au but. C'est dans ces circonstances qu'au lieu de marquer une date morte sur le calendrier du temps, il lui est réservé d'y frapper un résultat. — C'est là que l'histoire établit la limite au delà de laquelle l'homme d'État effectif se dresse: S'il reste en deçà, il n'y a qu'un nom qui flotte, mais ne conquiert pas cette couronne de l'avenir qui consacre une mémoire au cœur de la postérité.

Ces temps-ci, l'opinion anxieuse a passé par bien des vacillations. Le *Moniteur*, les organes officiels n'ont pu que refléter ces contradictions ou si l'on aime mieux ces incertitudes, tout en remplissant leur rôle officiel ou officieux avec un implacable zèle. Mais quand il s'agit de l'Italie l'anxiété est permise. Sans qu'elle eût droit de s'en blesser, on peut tenir pour suspectes ses meilleures assurances qui n'ont abouti jusqu'ici qu'à des violations de toute nature, outrages coupables, y compris le dernier et injustifiable attentat.

Quousque abuteris patientia nostra, o Italia! peut bien lui dire l'Empereur, dans ce beau langage du grand orateur romain Cicéron. Mais ce qu'il y a de triste et vraiment fait pour consterner les catholiques, doit leur faire poser aujourd'hui la question de savoir ce que veut faire le gouvernement français? Car de cette Italie qui hier anathématisée, aujourd'hui près d'être absoute sans pénitence et acte de contrition connus, on sait que tout viendra d'elle hors le bien. S'approprier ce qui est à autrui, et faire de ses convenances propres le renversement de tous les autres droits, ce serait le comble de l'odieux, si ce n'était du vertige.

Aussi tout s'écroule, droit des gens, droit public, droit civil. On ne respecte rien, on dévore tout. A ce désordre moral on y ajoute le gouffre financier, le patrimoine privé des princes dépossédés, les biens des couvents et de l'Église, enfin les dernières épaves du Saint-Siége sous le nom du domaine de saint Pierre. Tout est proie pour ce nouveau droit de la rapine qui n'a d'autre limite que l'impossibilité offerte par l'épuisement de la victime.

En écrivant ceci, c'est à croire que c'est une calomnie; mais le monde a lu, a entendu, et, à moins de se faire une conscience originale sans rapport avec celle qui s'indigne contre le juste et dit : arrière la violence, la spoliation. Non, si on n'est pas hors la cité des âmes, on ne peut comprendre un pareil délire.

Et cependant on voit des hommes du siècle réguliers dans ce qui constitue l'honneur du monde faire écho à ces abominables doctrines anti-sociales, qui les menacent dans ce qui leur est le plus cher, admettre ces convoitises acharnées, le plus grand danger de ce temps ; ah ! c'est une aberration qui laisse entrevoir un avenir plein de foudres.

On peut tout craindre de l'Italie, elle dont la faiblesse, les infidélités ont eu raison de notre force et de nos droits. Ceux sous notre drapeau, comme ceux sous la foi des traités signés par nous, le Saint-Père, dépouillé de ses domaines les plus fructueux, les grands-duchés de Toscane, de Modène, de Parme, ravis à leurs légitimes souverains au mépris des obligations de Villafranca et de Zurich : tout a fléchi pour l'Italie, qui semble en train cependant d'être une mortelle ennemie.

Dans cette situation, après les bruits qui arrivent de toute part, la persistance des aspirations italiennes, les difficultés qui semblent devoir rendre la conférence impossible ou impuissante dans son homogénéité de vues et de forces pour sauvegarder le droit, à moins d'en faire l'autel druidique de l'holocauste de l'Église, l'annonce de la prochaine rapatriation des troupes françaises, l'absence du mot pouvoir temporel sur les lèvres de l'Empereur en cette solennelle conjoncture, enfin le manque de précision nette, quant à la solution qu'il entend dans une conciliation impossible dans le sens italien; tous ces indices, ces faits, ces périls troublent le monde religieux et la conscience de quiconque confesse Dieu et voit en lui la base de cette chaîne sociale, dont l'Église est le sceau.

Voilà pourquoi le Sénat, à sa première séance, a vu inopinément plusieurs membres, organes de l'émotion de ce grand corps, déposer une demande d'interpellation. Cette liste comprend les princes de l'Église, et nous y trouvons à côté des éminents cardinaux, Mgr l'archevêque de Paris, les plus hauts dignitaires en rang, comme en talent et en caractère. Parmi ces signataires, il en est un cher à l'auteur. Déjà la voix de ce frère a retenti pour cette auguste cause au Sénat. Dans la presse, à partir du jour où il fonda *la France*, au moment d'une de ces crises si périlleuses pour la papauté, on sait ses louables et constants efforts, dans une campagne qui restera un glorieux souvenir pour l'histoire de la presse. C'était là de la vraie politique, et sans nul doute, la seule qui puisse convenir et profiter à la dynastie à laquelle il a tout offert.

Nous voulons croire, nous (alors même que la parole sacramentelle a fui des lèvres au moment bien propice cependant à la faire applaudir et à glorifier l'orateur), à la résolution du monarque en faveur de la grande institution d'ordre divin. Cette arche sainte est venue jusques à lui portée miraculeusement sur les flots du temps. En rejetant loin d'elle ses anciens défenseurs, en la prenant sous sa garde propre, ce n'était pas pour la laisser profaner par la conspiration dont Garibaldi était le drapeau, Mazzini l'organisateur, mais dont l'Italie, les Rattazi, Menebrea, Cialdini, tous, quels qu'ils soient, en dépit de ces étiquettes de rechange, sont complices avoués ou occultes.

Ce n'est pas devant de tels spoliateurs dont la maladie endémique est incurable, que l'Empereur retirera la main qui couvre le Vicaire de J.-C. Grand rôle fait pour la France et son Souverain ! L'épée de Charlemagne et Napoléon ne peut défaillir aux mains du neveu, que convie cette sainte cause. Celui qui a ceint le diadème, le jour où il faut laisser cette grandeur périssable, sent la mort plus douce au souffle adoucissant des bénédictions de cette Église qu'on a eu le bonheur de protéger. Glorieuse destinée qui au-dessus du renom d'une tombe surmontée d'un sceptre, fait briller le rayon d'une espérance divine.

RÉSUMÉ FINAL.

Les faits accomplis, les maux à réparer, les perspectives entrevues, tout se réunit pour inspirer au gouvernement de l'Empereur le désir de rechercher et de pratiquer ce que réclament l'intérêt et la sécurité du pays. Un célèbre publiciste, homme d'État, M. de Rémusat, faisait observer dans la *Revue des Deux-Mondes*, en demandant les libertés, aspiration du pays, non moins que force pour l'Empereur, que le pouvoir est toujours assailli d'aveugles volontaires, d'optimistes entêtés qui ne voient pas ce qui les contrarie et le flattent de leurs illusions. Aussi, est-ce presque toujours faire injure à un gouvernement que de le juger par ses défenseurs. Il est mieux de comprendre qu'il n'y a ni bon-sens ni prudence à se fâcher contre l'inévitable, et que pour conjurer un péril, il faut faire autre chose que de le craindre.» Quoi qu'en disent les feuilles rivées à l'inspiration officielle, ce qui n'est qu'un symptôme d'aspirations généreuses et légales, deviendrait inévitablement une lutte de principes, en voulant immobiliser un esprit qui s'élance de toute part.

Au sein de tant d'idées qui remuent le monde sur la vague de plus en plus montante de la démocratie, après tant de déceptions foudroyantes, il est insensé de croire qu'on pourrait tenir longtemps, sans dominer par l'arme la plus infaillible, la supériorité du gouvernement manifestée par la discussion et la consistance du caractère. A l'extérieur, prenons garde que le manque de vues déterminées et de suite, le *laissez passer* accordé à l'impunité des ambitions qui poussent le *en avant* de M. Bismark, au mépris de ce qui avait été stipulé à Prague, ne fasse de celui-ci l'arbître de l'Europe jadis si déférente à tout ce qui venait de la France.

Un grand malheur pour un pays, c'est ce parti pris de glorification ou d'approbation quoiqu'il arrive. C'est une rhétorique nouvelle faite pour un patriotisme mal entendu, soit parce que l'on croit cette satisfaction nécessaire à l'amour-propre d'un régime du suffrage universel, soit qu'on veuille colorer la perspective qui se reflète à l'étranger : nous ne voulons pas admettre d'autres motifs de l'intérêt à faire du zèle. Ceci se conçoit, de petits fonctionnaires enfermés dans le même récitatif, mais les faiblesses de ceux-ci ne sauraient être un mobile pour des hommes montés aux premières fonctions de l'État.

Les enseignements sortis de nos dernières expériences, pourraient servir de fanal éclairant les écueils de l'avenir.

Cependant pour que la nation y trouve une lumière et en dégage une salutaire morale, il importe que les choses lui soient montrées sous leur vrai jour. La parole officielle serait toute puissante si elle ne s'était usée à la meule de ses contradictions. Aujourd'hui elle subit la méfiance qui s'attache au souvenir de ses trop nombreux sacrifices sur l'autel de ces faux dieux- qu'on appelle le point de vue gouvernemental à placer au-dessus de tout, à créditer par la majorité, *quand même*, au risque de le discréditer dans l'opinion où la raison qui reste finit par l'emporter sur les hommes et des systèmes qui passent.

L'opinion un instant peut perdre sa route aux feux follets d'une éloquence qui fut éphémère, mais elle se redresse et va recrutant toujours. Quel meilleur exemple que celui à emprunter à des débats récents !

M. Thiers, avec sa logique qui entre au cœur d'une question comme de l'acier, avait amené à la tribune la parole assurément la plus faite pour aborder et dégager de la mêlée les plus embarrassants problèmes.

C'était beau dans le roulement d'une large période, avec un geste de dominateur, une voix foudroyante qui remue les fibres de la majorité, soulève des tempêtes, saisit et tord avec un art merveilleux une personnalité.

Tout à coup retentit l'éclatante apologie : *pas une faute de commise* : mais ce cri de l'orgueil du pouvoir pourrait-il prendre à témoin Dieu qui seul ne se trompe pas ? Oh ! la faillibilité elle est partout. Seulement elle laisse mieux apercevoir la trace qu'elle décrit quand elle tombe de ces sommets culminants ou l'on a dressé le droit de commander et d'engager les peuples.

Quoi ! *pas une faute de commise*, pas même le Mexique ! quoi ! sinon un remords, oh ! l'intention était bonne ; au moins un regret aurait trouvé le chemin du cœur de tant de mères. Encore une fois intention parfaite, mais conception impossible à mener à bien ! Les sombres pronostics de M. Thiers, dédaignés se sont dénoués dans ce débat fameux de l'été dernier, ou lui, M. Berryer dans un monument de l'éloquence, M. Jules Favre sous des feux électriques ont fait tressaillir la chambre et l'on peut dire l'univers des esprits remué et entraîné par ces torrents d'évidence. — Entre les programmes qui les avaient séduit, et la réalité qui les a frustré les porteurs Mexicains savent à quoi s'en tenir. — Cependant, quand vous encouragiez par des discours beaux sans doute, mais dont la base était l'argile des illusions, ce malheureux archiduc, dans l'expédition déclarée sinistre par notre grand historien national, à l'encontre de votre optimisme, plus tard, quand vous développiez l'avantage des trois tronçons, aviez-vous pesé à l'avance vos opinions et vos œuvres dans la balance de la vérité ou dans celle des illusions. C'est que nul homme n'a le monopole des vrais poids de la première (1).

Le sujet est trop vaste, laissons-le. — Mais cette thèse se heurte à chaque démenti que l'aveugle for-

(1) Rien n'est concluant comme un exemple. Si l'éloquence prophétique de MM. Berryer, Thiers, Jules Favre, n'eût pas été infirmée par la parole officielle qui en France domine les plus méfiants, nous n'aurions pas à déplorer les désastres de l'emprunt mexicain qui a englouti tant d'épargnes et fait entrer la désolation au sein de tant de petits ménages. Mais la confiance qu'étalait M. Rouher est la fatalité du pouvoir toujours enclin à proclamer qu'en dehors de lui point de vérité.

Dans cette malheureuse affaire qui va revenir au Corps législatif, que M. Berryer a tant impressionné dans une harangue digne du grand maître de l'art, la confiance du gouvernement était telle, que les agents du trésor, les receveurs généraux et leurs nombreux employés avaient l'ordre de servir cette opération. Quel zèle ils ont déployé! on le sait. Ainsi la confiance affichée sous l'enseigne du gouvernement était un bandeau et une amorce pour le capitaliste de province. C'était une contagion d'illusions qui avait gagné les plus sages. Nous avons entendu de vieux magistrats *autoritaires* opposant à tous les avis ce raisonnement inflexible : « le gouvernement sait mieux que nous, il ne donnerait pas son appui à une négociation dont la sécurité ne serait pas assurée. » Voilà où en était la province.

Les millions affolés s'offraient à l'envi. Aujourd'hui oh! vicisssitude des choses humaines! il faut voyager pour savoir et entendre. Les prophètes méconnus, mais crédités, hélas! par une réalisation sinistre qui a dépassé toutes les prévisions sont des Dieux. — Pas d'exagération dans le désapointement. M. Rouher, quoique ministre, n'était pas infaillible, il s'est trompé, les plus grands payent tribu à l'humaine nature. C'est un motif pour lui, d'être moins superbe et cassant à l'égard de ses contradicteurs. L'autorité du ministre n'y perdra pas au contraire. Il est bon d'être à l'unisson de la France et du monde qui écoutent avec émotion des orateurs qui s'appellent, Thiers, Berryer, Jules Favre, alors surtout que l'auréole de leur génie oratoire étincelle au milieu du crédit qui s'attache au mérite d'avoir vu et annoncé la vérité.

tune se plaît à donner à l'orgueil de l'homme. Napoléon Ier peut-il éviter l'expiation des erreurs qui lui assignèrent cette rigueur de la destinée, Saint-Hélène après Walerloo !

Mais abandonnons ces souvenirs palpitants pour la doctrine formant l'accès aux généreuses émotions pour ne la laisser qu'à la raison.

Deux questions principales (sans parler de celles que le cours du temps amène), se dressent devant nous :

L'Allemagne ;

L'Italie.

Nous avons traité la première avec de grands développements, l'autre avec restriction : Nous en résumons l'esprit. Ce nouvel empire élevé à nos portes par un puissant et fatal génie, au berceau duquel manquait l'influence restrictive d'une fée propice à la France ; hé bien, nous le trouverons partout désormais à notre encontre, quoique nous projettions, fassions : oh ! la France, la plus inoffensive, si elle ne trouble pas son eau, elle *voudra* le troubler ; elle accentuera le programme pacifique, on y verra une conspiration pour *détourner* le Rhin de sa source et *ramener* son cours sur les sommets des Vosges, ou les mamelons du Limousin.

Mais puisqu'on ne croie plus à la nécessité ou à l'opportunité (ne scrutons pas les motifs dont le souverain est l'appréciateur) de soutenir les droits séculaires et modernes, réparer les griefs par la voie des armes : au moins si les traités ne sont pas réduits à l'état de chiffons de papier, les protestations contre leur infraction honorent ceux qui pratiquent ce courage moral. Il devient l'hommage aux principes dont sont tenus les gouvernements gardiens du juste, non moins que les hommes courageux, gardiens de l'honneur. De plus cet acte laisse une porte ouverte aux réparations, aux chances, au redressement de l'avenir. Quant on ne peut l'imposer, c'est quelque chose que de maintenir un droit. Rien n'est plus funeste et démoralisateur que de se désintéresser du principe revendiqué hier, parce qu'il est foulé aux pieds aujourd'hui, et de passer, avec lui enchaîné, sous les fourches du fait accompli. Il ne saurait y avoir de pire situation plus démoralisante au dedans, plus compromettante au dehors. — Louis Philippe et ses chambres n'ont cessé de protester pour la Pologne, et sans nul doute, l'état de ce malheureux pays auquel on ne laissait rien espérer que des sympathies, sous l'œil du paisible roi citoyen, et de son gouvernement bourgeois, était dans une situation bien différente de celle qu'il a vu surgir à la suite des témoignages de sympathie et du principe des nationalités dont l'empereur Napoléon est l'illustre champion.

Mais au moins reste l'Italie. Là, nous invoquons encore un précédent fourni par le gouvernement de juillet. Ancône au moins, vit flotter, aux jours critiques le drapeau français. Ancône fut occupée suivant l'explication du duc de Broglie, comme une garantie contre une occupation indéfinie de la Romagne par les Autrichiens, comme un moyen d'influence légitime sur la population italienne et comme une compensation provisoire à bien des griefs dont on devait chercher à obtenir réparation. »

Pouvons-nous faire moins dans une position bien plus caractérisée pour nous d'honneur et d'intérêts? — Des considérations de prévoyance, de prudence viennent corroborer les premiers. Au nord, à l'est, on nous a barricadé les chemins et annexions d'une compensation juste, entrevue, même négociée.

On voit bien au langage, aux résolutions de M. de Bismark, qu'il n'y a pas de notre part, à nos frontières du nord et de l'est, une modeste évolution qui ne fût saluée, repoussée par ses fusils à aiguille.

Dans cet état de choses qu'il faut envisager non à travers le prisme des phrases qui détournent la question, et le peuple éveillé désormais ne donnera son attention qu'aux éclaircissements techniques, et nullement aux sons.

Puisque c'est un droit et une occasion légitime, ayons un gage et une garantie. Que ce soit Rome ou Civita-Vecchia. Nous aurons pris un poste d'observation, comme Louis-Philippe. On n'a tenu aucune des paroles données. Pouvons-nous souscrire au retrait, dans les conjonctures et dispositions où est l'Italie ? Non, la France ne peut pas être dupe volontaire et résignée, car comme le disait si justement encore le duc de Broglie, qui alliait la fermeté des actes à la distinction du langage : « C'est être quelque chose de plus que loyal de se croire tenu envers les autres, à ce dont ils ne s'estiment pas tenus envers nous, de recevoir de leur part sous forme d'actes ou d'arguments une monnaie qu'ils nous refusent ensuite, lorsque nous la leur offrons. C'est être quelque chose de plus que loyal de se dégarnir les mains, autrement qu'à charge de revanche, et de se dessaisir des moyens de justice avant de l'avoir obtenu. » Veut-on mesurer le terrain que nous avons perdu ? Faisons comme Chateaubriand dans son congrès de Vérone. On y trouve un magnifique tableau, comme ce grand maître savait les tracer, il y fait l'appel de ceux avec lesquels il avait débattu les destinées du monde. Nous, simple, mais consciencieux chroniqueur, appelons mélancoliquement ceux disparus quoique liés à notre drapeau ou au droit que leur ménageait sa glorieuse ombre.

D'abord les souverains sauvés par la convention de Villafranca et Zurich ;

Les grands ducs de Toscane, Modène, Parme!... proscrits.

Le pape... Nos protestations en sa faveur, ses États ravis.

Le pape encore, invasion Cialdini, Castelfidardo. Nos protestations. — Retrait d'ambassadeur.

Toujours l'Italie reste impunie. Le roi de Naples, — nous avons beau protester en sa faveur, l'Italie se mutine et triomphe. Le roi et la reine proscrits et dépouillés.

Maximilien, ce touchant client. — Pleurons sur sa croix.

La Pologne engloutie.

Encore il reste Rome... Hé bien! on se l'adjuge, on menace, on recommencera si la France se borne à desparoles.

Triste défilé que l'Europe ne peut s'expliquer. On dit, chose nouvelle et qui semble un rêve de nuit, la France cesse d'abriter ses amis, ses alliés, les chaperonnés de son glorieux drapeau, qui cependant a fait le tour du monde, dans l'éclat de mille victoires; puis la même fatalité se reproduit à l'égard de ces autres clients de la pensée philantropique de l'empire pacifique, quand il convie l'Europe à un congrès précurseur d'un désarmement universel, voir même une simple conférence. Lord Stanley signifie le décès de celle-ci relative au pape et à l'Italie, comme lord Russell a procédé à l'enterrement du congrès relatif à l'Europe.

Toujours cet inflexible Anglais. On les comble, mais ils restent toujours Anglais sans l'alliage d'une concession. Ils ont épuisé la mesure de leur bon vouloir, relativement au Luxembourg; mais le roi de Prusse était dans l'affaire.

Il faudrait cependant prendre garde.

A une pareille série de faits malheureux à l'encontre de tous les programmes et vues déclarées, à de semblables déconvenues de projets internationaux se produisant sous le sceau du cabinet impérial français, quelle influence peut résister? tout ne devient-il pas problème au présent, et péril aux complications de l'avenir?

Cette pensée se fait jour partout. Ah! si l'Empereur savait, entendons-nous! n'en doutez pas, il saura. Une grande initiative alors peut être prise. La France n'en est pas au danger des pétrifications.

Une chose est visible à travers les incidents les plus récents, c'est que la malaise s'est étendu et aggravé par la durée même de l'incertitude. Ce qui n'est pas moins visible, et la crise ministérielle qui en témoigne porte-t-elle le remède réclamé par le pays qui pense et qui lit, c'est que le gouvernement déçu dans ses programmes oscille entre des vues et conseils opposés qui laissent le gouvernail incertain, et grandissent les difficultés et prétentions du côté de l'étranger (1).

(1) Il importe de ne pas paralyser le pays aux yeux de l'Europe surprise et railleuse (M. de Bismark ne s'en est pas fait faute après le prince Gortschakoff) dans une position tournée par les événements accomplis en Allemagne.

Nous voilà en face de ses prétentions et de ses empiétements; pour em-

Au seuil des grandes discussions qui vont s'ouvrir, d'où dépendent le sort des nations et notre propre destinée, on ne saurait sans faiblesse et sans se mé-

pruter l'épithète d'un écrivain qui chaque jour accentue davantage son talent, M. Weiss, il semblerait que nous avons une sollicitude *bizarre* pour les agrandissements de nos voisins. Le système des nationalités, des grandes agglomérations, nous parque dans la circonscriptlon ancienne brisée pour les autres et charge les périls contre l'avenir.

Et M. de Bismark avance, rallie, fait éclater sa volonté comme un éclair, mais le fait la suit. Enfin il y mêle l'ironie de la force qui doit être dispensée de compter, mais qui ne tient pas quittes les autres de ce qu'il en exige ou de ce qu'il prétend lui être dû. C'est ainsi qu'à la circulaire de M. de Beust, témoignant de la modération et de la réserve qu'entend garder l'Autriche, ce nouveau Richelieu, qui a dépassé le nôtre en audace et en résultats, répond par un compliment sur la résignation de Vienne, et sur l'esprit conciliant de la France; mais il conclùt en promettant de persévérer dans son système pour faire progresser les affaires de l'Allemagne et de la Prusse.

On le voit, c'est d'une originalité piquante, audacieuse, appelant toutes les épithètes de madame de Sévigné. N'est-ce pas d'une autre portée que le mariage de Lauzun? Ce mariage de la Prusse et de l'empire germanique, qu'on nous le pardonne, il dépasse l'*inimaginable* des convenances françaises.

Enfin chatouilleux à l'excès, au dire des journaux, il aurait trouvé mauvais qu'une invitation directe de la France à la Bavière lui eût passé par-dessus la tête, au lieu d'employer l'organe du mandataire irrévocable constitué de l'Allemagne et de chaque État en particulier. Encore s'agit-il d'une conférence au sujet des affaires d'Italie qui restera, sans doute, un mythe. — Ce sera le mieux, si cette conférence ne devait se réunir que sous la condition de consacrer une iniquité. Non, le fond ne doit pas être sacrifié à l'étalage de la forme. Le juste, le Saint-Père, ne peut être mis à la merci du ravisseur. — L'Italie ne l'entend pas autrement. Pourquoi donc alors cet inutile espoir sur les cymbales retentissantes de la presse officielle qui a pour loi d'approuver toujours quoi que ce soit, de tourner et retourner le soleil; cela s'est vu et se voit avant, pendant, après. — Que serait-ce donc s'il n'y avait plus ce soutien des âmes, l'Église, où l'on puise au moins le conseil de garder et soutenir ses convictions contre les fortunes triomphantes?

Mais l'esprit et les actes de M. de Bismark sont tout d'une pièce. Le détail se raccorde à l'ensemble. Qu'il continue son rôle actif sans rencontrer d'opposition. Le résultat est clair. — Ce qu'il tentera, osera, poussera, fera, on pourrait en tracer la carte à l'avance. L'ambition qui n'a plus de digue devient un torrent qui ne fait que grossir.

nager un remords étouffer le cri du patriotisme. Arrière les fantasmagories qui miroitent pour cacher l'abîme aux foules ignorantes.

C'est à la Chambre, au pays à se rallier autour du drapeau de ceux qui ont eu le mérite de bien voir et de prédire juste.

Ainsi, le pouvoir cessant de se dérober à lui-même sous le poids d'une anxieuse incertitude, trouvera sa force dans l'opinion dont il sera la véritable expression. L'église officielle abdiquant toute intolérance, repoussant l'abus d'une influence inégale, se bornera au noble rôle de pilote sur ce grand océan du suffrage universel. Écartant les fragiles barrages d'un jour, de la tutelle administrative, on doit laisser les vagues de l'élection rouler sans obstacle aux pieds du souverain. Agir autrement, ce serait un succès de bien peu de jours, devant cette force progressive de la démocratie, servie par l'instruction primaire, les sociétés coopératives, l'esprit du temps : telles sont les forces qui dans un prochain avenir se joueraient de toutes les digues artificielles mises à l'encontre de leur indomptable grandeur.

NOTES

Comme pièces à mettre sous les yeux du lecteur, nous voulions reproduire les divers documents officiels, consistant dans les déclarations et circulaires officielles relatives à l'Allemagne et à l'Italie, les deux grandes questions, qui du présent, portent l'attention publique sur l'avenir. —Le Mexique n'est plus qu'un douloureux souvenir et l'enquête est suffisamment faite. Mais les documents auxquels nous référons, sont tellement nombreux et connus, que l'espace manque à ces réimpressions superflues. Nous renonçons également à puiser dans la presse anglaise et les débats des parlements de Berlin, de Bade, de la Bavière, du Wurtemberg, dans les circulaires de MM. de Bismark, de Beust, de Moustier, de Gortschakoff. L'évidence ruisselle à chaque pas. Nous nous bornerons à une courte citation de l'*Examiner*, et à la suite d'extraits des grands organes de Londres :

« Les hommes, à la tête des deux nations française et allemande, qui maintenant divisent l'Europe en deux camps hostiles, n'en viendront pas aux mains avant qu'ils soient prêts; mais une fois prêts, l'ordre sera : *Frappez* vite et fort. Jusques à ce que nous voyions le désarmement, nous n'aurons aucune confiance dans le maintien de la paix. »

Biographie et caractère de M. de Bismark.

En haïssant ses procédés, il faut avouer son génie propice à la Prusse, assurément; mais, sans nul doute aussi, bien funeste à l'Autriche et menaçant également pour la sécurité d'autres États que ce nouvel aménagement germanique est bien propre à troubler au moins. Ce grand vizir prussien, que la grande Catherine eût certes appelé *cocher de l'Europe* (le mot même ne rend pas la tâche qu'il est en train d'accomplir), a déployé une promptitude égale à son habileté.

Non-seulement il a enveloppé ses profonds desseins dans les prestiges de victoires fabuleuses, mais encore il a dû se trouver bien surpris et heureux de trouver une école française représentée par une presse puissante, solidarisée dans sa politique de spoliations audacieuses. Sous le masque de l'unité germanique, qui a servi de prétexte à cette terrifiante entreprise, il englobe d'abord ce qui constitue *de plano* un empire compacte au nord. En outre, il assujettit l'Allemagne. A l'ombre d'une existence laissée aux États qu'il ne veut pas effondrer, détruire nominalement, mais qu'il soumet fatalement à son action, à sa discrétion, les grands-ducs et les rois sont transformés en préfets prussiens.

Certes, cette machination machiavélique dénote un génie politique de premier ordre. Les scrupules ne le gênent pas : le droit, la pitié, les sacrifices, l'effusion du sang, les contirbutions arbitraires à prélever sur le travail d'une cité qui n'a pas brûlé une amorce et s'est paisiblement soumise à son envahisseur : rien de tout cela ne trouble, n'arrête, ne modifie les résolutions de cet homme inflexible, comme le destin, auquel, par l'abus de la force habilement dirigée, il a été donné de frapper un des grands coups du siècle, avec une soudaineté dont l'histoire offre à peine un autre exemple.

Oui, c'est très-beau pour la Prusse au point de vue terrestre !

Oui, c'est là un trophée fait avec du sang et des ruines qui peuvent exalter les adresses et les poésies prussiennes ! Qu'un Schlegel vienne faire retentir les voix du Parnasse épique à l'unisson des corps officiels, non moins enthousiastes en Prusse qu'ailleurs, on le concevrait. Mais, pour la France, il importe de se bien rendre compte de cette révolution immense accomplie dans l'équilibre européen, au préjudice, surtout, de la politique pratiquée par Henri IV, Louis XIV, Napoléon ; poursuivie et atteinte avec la rapidité d'un vol d'aigle, par ce génie sombre, audacieux, profond à la fois, qui se nomme le comte de Bismark. Ce protégé de nos prétendus libéraux entre dans la vie publique, il y a quatorze ans, absolutiste exalté : il était du parti Kreutz, qui se signalait par la condamnation des constitutions réputées, pour lui, cause des désordres et du malheur des peuples.

Autre temps, autres mœurs.

Ce converti au suffrage universel a laissé loin derrière lui, pour l'audacieux mépris avec lequel il a foulé aux pieds la prérogative parlementaire, les Strafford, les Buckingham, les Maupeou. Tout chez cet homme a été une combinaison de ruse et d'audace. Sa provocation aux rigueurs, suivie d'un traité antipolonais avec la Russie, son entreprise contre le Danemark avec la confédération, qu'il a enrôlée et frustrée, révèlent et peignent la nature du personnage.

Voilà un caractère qui peut être tenu par la France comme un bon billet des promesses de l'avenir. — La contradiction, l'absence de tout principe, se succèdent, changent le langage, les cartes, le visage du joueur, suivant les circonstances, en raison de l'intérêt qu'il poursuit, des complices qu'il a besoin de s'attacher, sauf à les écarter ensuite de son chemin et du partage des dépouilles opimes, après les avoir faits instruments usés de son œuvre. — Un court tableau des faits et gestes les plus saillants ôtera tout doute à cet égard. — Allons, Messieurs Guéroult, Havin, Peyrat, jetez les fleurs de votre éloquence, prodiguez les ressources de vos esprits ingénieux, environnez la lumière des ombres de l'oubli le plus impossible, car l'histoire est là avec ses enseignements pour vous comme pour tous ! Vous aussi, rappelez cette éternelle vérité souvent évoquée : « on ne se connaît pas soi-même. » Ah ! oui, il n'y en a pas de plus aveugles et de plus sourds que ceux qui ne veulent ni voir ni entendre.

En 1864, pour entraîner l'Autriche dans cette guerre suscitée injustement au Danemark, malgré les protestations des cabinets et de l'opinion, M. de Bismark lui offrit de la soutenir contre l'Italie, en cas d'attaque sur Venise ; dans la même année, il fait une alliance avec l'Italie et combine une double attaque sur l'Autriche, violant ainsi du même coup les traités de Vienne et le pacte fédéral. En janvier 1866, il invite l'Autriche à concerter des mesures contre la révolution, afin d'en finir avec les agitations des meetings de Francfort et d'Altona ; en avril, il propose la réorganisation de toute l'Allemagne, avec un parlement radical élu par le suffrage universel direct. De même au début, c'est au nom des droits du duc d'Augustembourg que M. de Bismark réclamait du Danemark les duchés de Holstein et de Schleswig. plus tard ce prétendant était frappé d'interdit sous menace d'arrestation et chassé.

Les troupes fédérales de la Saxe et du Hanovre, commises pour l'exécution, sont sommées de déménager en laissant le gage commun aux Prussiens, qui y sont restés, eux. L'iniquité coule à pleins bords ; mais elle réussit par l'audace, elle saisit sa proie à l'encontre des voies divines et humaines. De quoi faut-il le plus s'étonner, de l'inconsistance de ce protée, ou de la duplicité des doctrines et de la perfidie des actes ?

L'agrandissement de la Prusse au mépris de tout, voilà ce qui se poursuit ! — De fallacieux prétextes, de vaines accusations sont mis en avant. Dès lors, peu importe qu'on sacrifie des innocents, qu'on rançonne de paisibles et inoffensifs citoyens, qu'on ruine le laboureur, qu'on arrête des princes dans leur palais, qu'on dispose des couronnes et des peuples. Ce sont joyaux de bonne prise et troupeau butins de l'ambition. Tous les moyens sont bons ; c'est à consterner la civilisation. — La tradition, la liberté et le progrès sont tour à tour invoqués et trahis.

Les *Débats*, ce souteneur de la politique équilibriste de Louis-Philippe, sous l'uniforme de la garde nationale ; d'autres journaux, ces prôneurs du droit sacré des peuples, égarés par une fausse théorie, excuseront cet abus de la force. Qu'ils fassent bon marché du droit divin, c'est-à-dire de la morale de Dieu, répudiée à cause du mot, on le comprend de leur part. Mais abandonner le droit populaire, c'est-à-dire la manifestation de la volonté nationale, libre sans pression, par l'organe du suffrage universel, cette panacée démocratique qui doit remédier et suffire à tout, voilà qui ne laisse plus de place que pour le scepticisme ! Quelle félonie, quelle impiété à l'égard de leur principe ! Telle est la fosse commune où l'esprit de conservation et celui de la vraie liberté sombrent à la fois. Mais peut-on avoir trop d'arrogance et d'injustice quand on a tant d'ambition, quand la suprématie germanique, rêve hier, réalité aujourd'hui, en est devenue la proie ?

Le coup d'État contre la diète a été suivi d'une guerre foudroyante, par sa rapidité, son énergie, ses résultats ; ni les hommes d'État de l'Europe, ni les autorités militaires de la France, de l'Angleterre, de la Russie, ne prévoyaient cette série électrique de marches et de victoires. Les augures étaient pour l'Autriche. Mais celle-ci, frappée d'un coup mortel, ne peut plus disputer à la Prusse l'Allemagne ; c'en est fait. La maison de Habsbourg se reconstituera-t-elle forte avec ses éléments hétérogènes en lutte, et sept millions d'Allemands attirés incessamment vers le nouvel empire ? — C'est un problème. — Mais ce qui n'en est pas un, c'est que la balance de l'Europe est changée par l'agrandissement d'une puissance dans laquelle les Anglais voient une barrière contre la France.

Comment, en face de M. Bismark, a-t-on pu se laisser prendre au leurre d'un libéralisme dont un parlement allemand est le masque ironique (1) ?

Issu du suffrage universel direct, ce sera beau ! s'écrie à l'envi la cohorte des panégyristes. Voilà le sortilége des mots ! mais le résultat n'est autre que le prussianisme de l'autocratie devant laquelle ce prétendu droit des masses reste une simple étiquette. Ces communautés indépendantes, où le régime constitutionnel avait ces brillants tournois parlementaires, qui deviennent les indispensables exercices d'un pays libre, seront désormais à la merci du régime militaire et de la politique personnelle de la Prusse ! Aussi, quand les troupes du roi Guillaume entraient dans les villes de l'annexion, les citoyens consternés gardaient un morne silence; ils manifestaient par là leur déplaisir, comprenant que c'en était fait de leurs beaux jours. En effet, commence pour eux une période oppressive, près de laquelle les petits griefs contre leurs gouvernements paternels étaient des bagatelles ; mais ils relèvent aujourd'hui de la force et de l'intimidation. Cette révolution qui avale leur autonomie, leur *self government*, on ne daignera pas même la faire sanctionner par un simulacre d'appel au peuple. On a un argument qui répond à tout : *sic volo, sic jubeo.* Le droit brutal de la conquête, c'est là un beau sort, une bien respectable garantie pour les petits États. Le *Siècle*, l'*Opinion nationale*, l'*Avenir national*, les *Débats*, etc., etc., toute cette congrégation hétérogène, qui ont fait dans la presse une utile diversion à la politique de M. de Bismark, pourront, au jour de la triste vérité dévoilée, s'humilier devant les reproches de ceux abusés par leur langage ; cette éclipse de mémoire leur ménage de fameuses surprises : mais, hélas ! le mal sera fait ; ils auront embrigadé l'opinion dans une erreur doublement fatale à la liberté, comme à leur pays. Pour s'édifier sur leur méprise, il suffit de citer la joie que manifeste la presse anglaise, disant à l'envi que la nouvelle constitution germanique crée à l'empire français un antagonisme bien autrement redoutable que celui qui exista si longtemps, entre l'empire dont Vienne était la capitale et le royaume de Louis XIV.

Aussi, la *Revue britannique* fait-elle ironiquement observer que ces braves démocrates de Paris, qui s'alarmaient des sympathies autrichiennes de l'aristocratie anglaise, doivent se rassurer aujourd'hui.

En effet, Wighs et Torys font à cet égard un concert *d'Ho-*

(1) Aujourd'hui il doit y avoir le désillusionnement, à en juger par la réprobation que provoque, dans toute la presse française le traitement infligé à M. Twesten, juge, éminent député de Berlin, condamné par la Cour d'appel (le tribunal de première instance avait absous,) à deux ans d'emprisonnement, suspendu de son mandat par décret royal. — Perfectionnement libéral où s'est incrustée la griffe du lion toujours prêt à terrasser l'ennemi qui est l'opposition. — Mais on peut seulement approuver en silence et louer sans péril. Les Anglais ne plagieront pas cette belle annexion parlementaire de la liberté. (*Note de l'éditeur.*)

sannah aussi instructif que national. En voyant la facilité avec laquelle la France accepte la grandeur de la Prusse, ils en sont réduits à supposer des projets de revanche qui défrayent l'imagination des politiques nouvellistes. Seulement, il n'y manquera plus que l'à-propos de facilités, sans lequel le génie le plus grand est réduit à abandonner ses plus glorieux rêves.

Les tendances, le caractère entreprenant de M. de Bismark, tour à tour ses pratiques d'arbitraire, ses faux semblants de libéralisme, ses formidables préparatifs militaires, tous ces signes mieux observés, auraient fait voir clairement l'orage qui se préparait, en dépit des déclarations d'un amour platonique de la paix. Le but où courait l'ambitieux ministre se dissimulait à peine sous le masque de mensongères apparences, rappelant cette pensée d'un célèbre publiciste : « En politique, le prétexte mis en avant cache le but véritable. » Toutes ces mesures, notes, négociations, récriminations, ne manifestaient que trop l'imminence de la crise que provoquait cet habile manœuvrier, en face de la faiblesse des adversaires qu'il devait vaincre après les avoir abusés.

De l'inaction de la Confédération, opposant des notes à des plans militaires, sont venus ses périls et sa défaite.

Le rôle des hommes supérieurs se manifeste d'une manière sensible, souvent décisive dans la conduite des affaires humaines. Les choses sont la matière sur laquelle domine l'esprit. A celui-ci il appartient d'accélérer et de modifier le cours des événements. Pour apprécier le grand changement accompli en Allemagne comme avant-propos des moyens qu'il va combiner et mettre en œuvre, il importait de faire connaître la nature morale et le caractère politique de celui qui vient d'ouvrir à l'histoire de l'Europe une nouvelle phase. Car il ne s'agit pas seulement des pays qu'il a englobés sous le sceptre et le protectorat des Hohenzollern, il s'agit de plus : cet agitateur, maintenant le mouleur colossal de cette puissante hégémonie prussienne, impose par cela même aux autres États, et à la France plus spécialement, une vigilance, une intuition du génie politique, des aménagements et de nouvelles combinaisons d'alliance, des armements militaires, une sorte de divination de l'avenir, où tout est possible. Telles sont les conséquences de l'œuvre de cet homme. Ce qui suffisait largement avant elle à notre sécurité, aujourd'hui doit se transformer, s'accroître, se combiner dans d'autres formidables proportions. Ceci n'en dit-il pas assez sur la portée de ces agrandissements qui font ce malaise moral en France ? Ils commandent la réforme militaire, dont l'inévitable résultat sera une énorme augmentation du double impôt du sang et des dépenses publiques. Enfin, étions-nous, oui ou non, la première puissance militaire reconnue par l'Europe ? Qu'on lise aujourd'hui les journaux étrangers, on pourra juger de ce que ces transformations nous ont fait perdre dans la foi et le prestige qui s'attachaient à notre force.

Comment les cabinets et les peuples, encore sous l'impression de la hardiesse et de la promptitude du ministre prussien, peuvent-ils se défendre de l'influence qu'exerce la force sûre d'elle-même, en faisant sortir de la victoire l'œuvre de l'homme d'État?

Génie de l'organisation de M. de Bismark.

Constituer l'Allemagne, faire un grand empire du Nord avec les annexions du Hanovre, de la Hesse, du duché de Nassau, de Francfort, des autres États jusqu'au Mein, y joindre le Schleswig et le Holstein, par lesquels la Prusse arrive à la mer.

Enfin, établir entre le nord et le midi ces liens qui sont comme les premiers anneaux de la réunion sous le même sceptre; tels sont l'œuvre accomplie et le plan en exécution.

C'est une main habile qui prend à sa convenance, et trace en même temps la route de l'avenir semée de piéges auxquels ces petites autonomies doivent successivement et fatalement s'accrocher.

Par une hypocrisie, laquelle semble avoir dupé des journaux sérieux et le peuple trop enclin à se payer de mots, pompeuses enseignes, qui remplacent pour lui les choses, la Prusse a couvert du manteau de la liberté son instinct effréné de domination.—En l'an de grâce 1866, au sein des montagnes de publications élevant aux regards les statues sans cesse honorées de la liberté des peuples, du progrès, et de tant d'autres belles affirmations, — ah! oui, sous le règne de l'héritier du grand Napoléon, un ministre s'est rencontré, — comme s'il eût été jaloux de ces grands souvenirs du protecteur de l'ancienne confédération du Rhin, M. de Bismark appelé à diriger une puissance encore du deuxième ordre, même après Waterloo, a pu défier l'Europe, terrasser l'Allemagne. Sur la double ruine de l'Autriche et de la Confédération, il a achevé l'abolition des traités de 1815, non pour nous en rédimer, en effacer les inconvénients à l'encontre de la France, mais pour agrandir la Prusse et en faire la concentration d'une force d'autant plus redoutable.

L'Europe ne s'y est pas trompée. Osons envisager la vérité, tenons un compte sérieux de cette distribution nouvelle. L'optimisme qui dit que c'est pour le mieux et applaudit, ne tarde pas à perdre son aplomb, et à conclure en pessimiste, quand il s'agit de remodeler les forces nationales sur des bases telles que l'histoire militaire de notre pays n'offre pas la conception d'une organisation semblable.

(Extrait d'une publication restée inédite du 17 août 1867.)

Le *Journal de Paris* résume, dans les termes saisissants qui suivent, notre situation, nos devoirs à l'égard du gouvernement pontifical :

Les deux Notes du *Moniteur* donnent à penser que nous n'en avons pas fini avec les hésitations, les fluctuations et les tergiversations. Nous ne voyons pas, jusqu'à présent, qu'aucune nécessité politique urgente commandât au gouvernement français d'annoncer notre prochaine retraite sur Civita-Vecchia. Ce n'était pas une entreprise sans inconvénients et sans difficultés que celle de retourner à Rome. L'événement n'a pourtant pas justifié les craintes qu'on avait sur l'exécution et dont nous nous sommes faits nous-mêmes un moment les interprètes. Mais, du moment qu'on a franchi ce pas, il y aurait faute à se trop presser d'évacuer les Etats-Romains. L'agression du royaume d'Italie contre l'Etat pontifical, et du souverain de Florence contre le souverain de Rome, donnait le droit à toutes les parties contractantes aux traités de 1815 d'intervenir à main armée pour défendre l'indépendance du faible, menacée par un plus puissant que lui. A plus forte raison, ce droit appartient-il à la France qui, en raison de sa situation géographique, de ses institutions religieuses et politiques, de ses mœurs et de ses idées, peut être atteinte plus directement qu'aucun autre peuple par la chute violente du pouvoir temporel succombant sous une pression étrangère. C'est donc légitimement que nous sommes à Rome, Rome ayant été assaillie par un Etat voisin et ennemi. Pour peu que notre politique ait de suite et de sens commun, nous devons évidemment continuer notre appui à l'Etat pontifical jusqu'à ce que l'agitation excitée par les manœuvres du cabinet de Florence soit complétement apaisée. C'est seulement après que l'état normal aura eu le temps de se rétablir, que nous pourrons abandonner le Saint-Siége à ses propres forces et, l'ayant débarrassé des difficultés venues du dehors, lui laisser le soin de pourvoir, comme il l'entendra, à des difficultés intérieures où nous n'avons que voir. En mettant les choses au mieux, on ne peut pas espérer que l'ébranlement causé à Rome par le roi Victor-Emmanuel, M. Rattazzi et Garibaldi ait cessé de faire sentir ses effets directs et immédiats avant huit ou dix mois d'ici. Nous ne voyons pas dès lors pourquoi on parle dès à présent d'une évacuation à accomplir dans les circonstances présentes, et qui équivaudrait à livrer Rome, de nos propres mains, au roi d'Italie. Nous ne voyons pas davantage pourquoi, l'occupation étant jugée légitime et nécessaire, nous imposerions à nos troupes l'ennui de la garnison de Civita-Vecchia.

Un dernier regard rétrospectif. — L'évidence.

Cette grosse Allemagne, qui s'édifie avec tant de rapidité, dont les uns semblent prendre leur parti, dont les autres semblent distraits par les préoccupations des affaires italiennes, n'en reste pas moins un *gros point noir* à l'horizon de l'avenir. C'est que la France est entre l'alternative de tout risquer ou d'abdiquer le principe de toute sa politique nationale, sans avoir autre chose à mettre à la place que *l'inconnu*, de quelque pompeuse enseigne qu'on le couvre.—Les inconvénients de cette situation n'échappent à personne à l'étranger. Voilà ce qu'il faut savoir pour les remèdes à apporter et la direction de notre politique extérieure.

Nous extrayons du journal anglais l'*Economist* des considérations dignes de l'attention de tous les esprits sérieux. C'était au mois d'août dernier, et la question, par suite des résistances vaincues des Etats du Sud, a grandi encore, ou, pour mieux dire, M. de Bismark n'a plus qu'à se glorifier dans son œuvre.

« La constitution d'une grande Allemagne du Nord n'est pas « favorable à la France. Pendant des générations, la politique « traditionnelle de la France, celle que représente M. Thiers, a « été de maintenir l'Allemagne faible, ce qui impliquait la con- « dition qu'elle restât divisée. La France a dû sa prépondérance « en Europe à la concentration d'une force unifiée contre ses « compétiteurs, principalement à l'avantage d'être plus unie que « l'Allemagne, la plus grande de ses rivaux. Mais dès lors que « cette dernière se constitue dans l'unité, elle doit bientôt sur- « passer la première en puissance. Elle est déjà en avant pour « l'éducation, le bien-être, et peut-être pour la force physique. « Réellement unie, elle aura l'avantage du nombre maintenant, « sans parler de l'accroissement de sa population, qui déborde « celle de la France. Pourquoi dès lors l'Allemagne se borne- « rait-elle à un modeste éclat et se contenterait-elle d'un pouvoir « secondaire ?

« *Le Congrès de Vienne*, par des combinaisons artificielles, « avait essayé, dans une confédération de petits Etats, de balan- « cer la France, mais en vain.—Le but avait failli. Puisque l'Al- « lemagne doit être *une*, le mieux est que ce soit sous la domi- « nation de la Prusse, qui est protestante, hautement civilisée et « sans un intérêt opposé, plutôt qu'aux mains de l'Autriche ca- « tholique, moins avancée, et dont l'intérêt opposé, permanent, « dérive de la diversité des races. Que ce commun ennemi de la « France et de l'Autriche soit irrésistible, nous le croyons.

« La combinaison des nationalités en nations est un principe « que l'Empereur des Français a le premier introduit dans la di- « plomatie ; avant qu'il ne l'eût arboré il était considéré comme « un rêve dont n'avaient pas à s'occuper des hommes d'État sé-

« rieux. Sans doute il lui sera pénible de voir la France amoin-« drie en Europe par les conséquences certaines du principe objet « de ses prédilections les plus déclarées. Mais son discernement, « tout en lui montrant qu'il doit en être ainsi, le fera choisir le « moindre des maux. Ce serait faire les choses pires que de vouloir « disputer contre une inévitable destinée. »

Nous ne saurions trop engager les mandataires du pays aux Chambres, ses organes dans la presse, de suivre avec soin ce mouvement de la presse anglaise. Ils y puiseront les plus utiles renseignements sur tant d'illusions dont on balance encore la tige étiolée cependant. Ayons la netteté des partis anglais et leur émulation dans le patriotisme. Alors la parole, la supériorité de vues des hommes d'État, tels que MM. Berryer, Thiers, J. Favre, tant d'autres pleins de ressources, ne seraient plus seulement un trophée de l'éloquence, mais la force de la France et l'égide du gouvernement. Pour que le pays retire le fruit de ses supériorités, la première et indispensable condition c'est que le pays éclairé et garanti par le système parlementaire quitte la route des illusions pour les réalités montrant les choses sous leur vrai jour. Si cette puissance germanique affecte notre situation continentale, comme l'a caractérisé M. Thiers lorsqu'il en était temps encore, comme l'ont reconnu dans leur bonne foi lord Stanley et les plénipotentiaires qu'il présidait, ainsi qu'en établit le compte à notre passif la presse européenne, eh bien ! que nos hommes d'État ici ne craignent pas de nous placer en face du bilan de cette situation : — objets des commentaires, des discours, des écrits à l'étranger, il est plus honorable pour nous de savoir la vérité par notre gouvernement, dont la cause est la nôtre, que de la demander aux échos des voix trop souvent ironiques de la frontière. — M. de Bismark dispense de se mettre en frais de recherche pour justifier l'observation par un exemple frappant.

La politique n'est pas le cercle capricieux où l'on puisse jeter pêle mêle des théories nébuleuses, des systèmes éphémères qui naissent et meurent au gré des impressions, où le lendemain est le démenti de la veille. Cette politique ressemblerait trop à un colin-maillard où l'on serait réduit à se heurter aux surprises que dérobe le bandeau.

La parole la plus brillamment artificieuse, qui ne répond pas à un ordre d'idées sérieuses dont le fait est l'incarnation, n'est qu'une bulle de savon. C'est la fiction, jouet d'une heure ; ce n'est pas le résultat que le génie de l'homme d'État sait buriner à son empreinte, soit aux moyens d'institutions qui, en servant la liberté, fortifient l'ordre, soit par ces combinaisons extérieures, ou quand on ne peut, comme M. de Bismark, assujettir la fortune, au moins on doit conserver celle conquise par les devanciers. C'est là le minimum.

Combien à ce sujet ont à regretter les hallucinations répandues à l'aide de mots sonores, de perspectives sidérales, devant lesquelles on a abandonné le terrain national où tout était force, pour celui des aspirations où tout est faiblesse !

M. de Saint-Marc Girardin, l'éminent académicien, peignant avec la plume de Tacite l'état de confusion où l'abus des gouvernements sans contrôle a mis l'Europe (et quel plus grand contraste fourni par l'Angleterre parlementaire et l'Autriche absolutiste que la liberté seule peut sauver !), disait : « On ne s'entend plus que sur les mots qui dispensent de clarté et de précision, ou sur les faits accomplis qui dispensent de la volonté et imposent la résignation. La volonte abdique entre les mains du hasard. Quand nous considérons l'état *anti parlementaire* de l'Europe, nous n'hésitons pas à préférer les hasards du sort aux caprices des hommes. Nous en sommes réduits à souhaiter que le hasard reprenne l'ancienne politique qu'on tâchait de lui ôter par conseil et par prévoyance. »

Curieuse antithèse apportée par les événements en regard de l'épigraphe que nous avons empruntée à Bossuet. On dirait que cette pensée rayonnait sous la plume de l'ancien député dont la Haute-Vienne du suffrage restreint était fière, toujours est-il que celui déserté par le suffrage universel dirigé vient de tenir un langage digne du maître du XVIIe siècle, comme de l'académicien doué du triple don de bien penser, de bien dire et de bien faire.

Nous nous arrêtons sur ces termes d'une pensée identique. Suivant qu'on sait l'appliquer ou qu'on y faillit, on obtient le triomphe ou l'on subit le revers. (*Note de l'auteur.*)

PARIS. — IMP. DE VICTOR GOUPY, RUE CARANCIERE, 5.

www.ingramcontent.com/pod-product-compliance
Ingram Content Group UK Ltd.
Pitfield, Milton Keynes, MK11 3LW, UK
UKHW020145200726
13856UKWH00003B/855

9 782011 787002